Ziergehölze & Hecken

Die schönsten Arten und ihre Pflege

ROBERT MARKLEY

Ziergehölze & Hecken

Was Sie in diesem Buch finden

Was sind Ziergehölze?

Kein Garten kommt ohne Ziergehölze aus. Gehölze setzen rund ums Jahr markante Blickpunkte und bilden einen festen Rahmen für Gartenbilder. Zugleich sind Bäume und Sträucher weit mehr als grüne Ordnungshüter, sie sind selbst dekorative Blüten- und Blattträume.

Ziergehölze zaubern Struktur in unsere Gärten. Ohne sie findet die schönste Stauden- und Sommerblumenpracht keinen Halt und wirkt wie ein Bild ohne Rahmen.

Vielseitige Strukturbildner

Gehölze inspirieren: Der Ginkgo oder Fächerblattbaum zog schon Goethe in seinen Bann.

Gehölze bieten Gartenlust rund ums Jahr. Wenn der Frühling die Natur zum Bersten bringt, öffnen auch die Laub- und Nadelgehölze ihr Blütenfüllhorn. April und Mai sind ihre stärksten Blühmonate. Dem Blütenrausch folgt der Sommer mit seinen buntlaubigen und duftenden Gehölzen. Wenn den vergänglichen Sommerblumen die Blütenkräfte schwinden, streuen die spätsommerlich blühenden Ziersträucher Farbtupfer in das private Gartenparadies. Im Herbst scheinen viele Sträucher durch ihre bunte Laubfärbung förmlich zu verglü-

hen. Besondere Pretiosen sind die raren Winterblüher, die das winterliche Grau-in-Grau aufheitern. Dazu gesellen sich die kunstvoll gewundenen oder mit Korkleisten umrandeten Triebformen vieler Straucharten. Die ober- und unterirdischen Teile der Ziergehölze verholzen.

Nachfolgend stellen wir Ihnen die wichtigsten Ziergehölzgruppen vor. Die Einteilung ergibt sich aus den besonderen Wuchs- und Laubeigenschaften bestimmter Gehölze. Sie hat sich bewährt und hilft bei der ersten Eingrenzung der Suche nach dem passenden Gehölz für den vorhandenen Standort. Es ist sinnvoll, sich *vor* dem Kauf und dem Griff zum Spaten intensiv mit der Materie auseinanderzusetzen. Lernen Sie die Vielfalt der Gehölze kennen – es lohnt sich. Lassen Sie sich bei Ihrer Entscheidung nicht nur durch günstige Angebote im Handel leiten. Es zählt nicht nur der Einkaufspreis. Achten Sie auch auf andere Kriterien, beispielsweise den Schnittaufwand. Je schneller eine Pflanze in der Baumschule heranwächst, desto billiger kann sie angeboten werden. Das vermeintliche Schnäppchen wird dadurch aber unter Umständen für Sie zum Bumerang, denn die »günstigen« Pflanzen wachsen auch bei Ihnen rasant weiter – vielleicht mehr, als Ihnen lieb ist. Die Folge: Je nachdem, wie weit sich der Strauch ausbreiten soll bzw. darf, müssen Sie durch häufige Schnittmaßnahmen permanent dieser Wuchsfreudigkeit Einhalt gebieten.

Laubsträucher

In neuen Gärten spielen Sträucher mitunter nur eine Statistenrolle. Gefragt ist der schnelle Blütenrausch der Stauden und Einjährigen. Dabei belohnen laubabwerfende und immergrüne Sträucher, Rhododendren und edle Blütensträucher bereits nach wenigen Jahren die Geduld des Gartenfreundes mit dem Reichtum ihrer Farben und Formen. Ein Garten ohne Laubsträucher ist ein Garten ohne Höhepunkte.

Laubsträucher sind, streng wissenschaftlich betrachtet, strauchartig wachsende, laubabwerfende Gehölze, die bereits an der Erdoberfläche mehrtriebig wachsen und durch besondere Eigenschaften wie eine dekorative Blüte, attraktive Belaubung und leuchtende Herbstfärbung, formschöne Früchte, aber auch Schnittverträglichkeit (Hecken) oder bodendeckende Wuchsform (Bodendecker) dem Auge schmeicheln und vielerlei Gestaltungsaufgaben im Garten mit Bravour lösen. Angaben zur Wuchshöhe bei den Sortenbeschreibungen von Laubsträuchern bezeichnen die Höhe des Strauches nach fünf Standjahren im Garten. Ausgangspflanzen waren mehrjährige Sträucher, die in einer gängigen Pflanzgröße in einer GartenBaumschule oder einem GartenCenter gekauft wurden.

Ziergehölze wie die Fächer-Ahorne zeigen viele verschiedene Blattformen und -farben, die sich für feingliedrige Arrangements im Garten und auf der Terrasse anbieten.

Laubbäume

Mächtige Stämme und dachartige Kronen ließen schon unsere Vorfahren vor dem Phänomen Baum ehrfürchtig verharren. Die Geschichte der Laubbäume ist eine Geschichte voller Mythen und Sagen. Als größte und älteste Lebewesen der Erde spielen sie in der Kulturgeschichte vieler Völker eine wichtige Rolle – bis zum heutigen Tage. Der Baum ist Symbol für Kraft und Stärke. Leider sprengen viele Baumriesen trotz ihrer Schönheit mit ihren Ausmaßen die Möglichkeiten mittelgroßer Gärten. Ein Baum könnte der Mittel-

Ein Hausbaum par excellence, der selbst in kleine Gärten passt, ist der Kugel-Ahorn. Auch ohne Schnitt entwickelt er eine kugelrunde Krone.

punkt vieler Gärten sein, aber wer hat schon ausreichend Platz, um den Fundus der Laubriesen voll ausschöpfen zu können? Neubau-Besitzer stehen oft vor einem kahlen Grundstück mit begrenzten Ausmaßen, ohne grüne Höhepunkte. Sie wünschen sich Bäume als belaubte Raumbildner, scheuen sich aber, einen Hausbaum zu pflanzen, weil sie fürchten, er wüchse ihnen alsbald über den Kopf. Das muss aber nicht so sein. Unter der Rubrik »Vorgartengehölze« auf Seite 32 sind Bäume mit kleingartengerechten Ausmaßen berücksichtigt. Solche Hausbäume besitzen entweder klein bleibende Kugelkronen oder einen extrem säulenförmigen Wuchs. Als Kleinbäume bieten auch sie – wie ihre großen Kollegen – Vögeln in ihrem Zweiggewirr Nistschutz und Beerenfutter und werfen einen kühlenden Schatten, den keine technische Einrichtung nachzuahmen in der Lage ist. Nicht nur das: Bäume sind Balsam für die Seele. Mindestens ein Baum gehört deshalb in jeden Garten. Schlechte Standortbedingungen können aus Bäumen Sträucher machen. Daher sind Angaben zur Wuchshöhe immer relativ zu verstehen. Auf nährstoffarmem Sandboden ist die Birke nur ein mannshoher Strauch, auf fetten Böden kann sie 30 Meter Höhe erreichen. Angaben zur Wuchshöhe bei der Beschreibung von Laubbäumen beziehen sich deshalb auf die Höhe des Baumes nach 15 Standjahren im Garten auf reifen Böden. Ausgangspflanzen waren mehrjährige Bäume, die in einer gängigen Stammstärke gekauft wurden.

Immergrüne Laubgehölze

Immergrünen Laubgehölzen haftet der Ruf an, langweilig zu sein. Dabei ist ihr stilles Grün das beste Beruhigungsmittel für gestresste Großstadtgemüter. Natürlich zeigen Immergrüne nur selten spektakuläre Blütenkünste. Sie gelten aber als verlässliche Gestaltungspartner im Garten, auf die man rund ums Jahr »bauen« kann.

Gehölze gelten als immergrün, wenn sie ihr Laub für mindestens zwei Wachstumsperioden behalten. Der Begriff »Immergrüne« meint stets Laubgehölze, weil diese Eigenschaft bei ihnen etwas Besonderes darstellt. Nadelgehölze werden nicht als Immergrüne im klassischen Sinne bezeichnet. Das mag verwundern, denn Nadelgehölze sind überwiegend immergrün. Ihr immergrünes Nadelkleid ist obligatorisch und nicht erwähnenswert. Ungewöhnlich sind in dieser Gruppe vielmehr die nadelabwerfenden Arten.

Immergrüne haben immer Durst, auch im Winter. Im Herbst frischgepflanzte Immergrüne sollten Sie während des Winters bei frostfreiem Boden im Abstand von vier Wochen

Ob Kugel, Pyramide oder Kegel – kleinlaubige immergrüne Laubgehölze wie der Buchsbaum sind der ideale Werkstoff für blickdichte Gartenskulpturen und Formelemente.

Kletter-Hortensien benötigen wenig Raum für ihre Kletterkünste.

Immergrüne Blüten-Skimmien sorgen rund ums Jahr für attraktiven Gartenschmuck.

wässern. Gönnen Sie den immergrünen Blattsträuchern einen halbschattigen bis schattigen Gartenwinkel. Auf diese Art können Sie die Gefahr des Verdurstens schon von vornherein stark reduzieren.

Mein Rat

Mitunter verfärben sich im Sommer die älteren Blätter immergrüner Gehölze gelb und fallen ab. Dies ist jedoch kein Grund zur Sorge, sondern eine vollkommen normale Erscheinung.

Angaben zur Wuchshöhe bei den Beschreibungen von Immergrünen beziehen sich auf die Höhe des Gehölzes nach fünf Standjahren im Garten. Ausgangspflanzen waren mehrjährige Sträucher, die in einer gängigen Pflanzgröße gekauft wurden.

Klettergehölze sind eine Sondergruppe innerhalb der Laubgehölze, die auf Grund ihrer vielen Gestaltungsmöglichkeiten im Kapitel Verwendung auf Seite 73 vorgestellt werden. Das Laub vieler Klettergehölze liegt dachziegelartig übereinander und leitet das Regenwasser von den Hauswänden weg. Klettergehölze lassen sich auch in kleinsträumigen Gartenwinkeln gestalterisch einsetzen.

Rhododendren und Azaleen

Eine besonders blühstarke Gruppe immergrüner Gehölze bilden die Rhododendren mit ihren großen Blütenbällen. Ihre Blütenfarben reichen von Violett, Blau, Rot und Rosa bis zu Weiß und Gelb. Hinzu kommen die laubabwerfenden Azaleen, die intensive Orangetöne und eine leuchtende Herbstfärbung mit ins Gartenspiel bringen. Die Blüte beginnt mit dem Vorfrühlings-Rhododendron bereits im März und reicht je nach Sorte bis in den Juni. Dazu gesellt sich der einmalige Wuchsformenreichtum der Rhododendren – von Zwergen bis zu Riesen sind alle Höhen vertreten. Es gibt niedrige, immergrüne Laubkissen genauso wie großstrauchartig wachsende, mehrere Meter hoch werdende Goliaths. Dazwischen finden sich alle Abstufungen. Den Grundstein für eine erfolgreiche Rhododendronpflanzung legen Sie mit einer gründlichen Bodenvorbereitung und der Auswahl eines geeigneten Standortes. Rhododendren fühlen sich an lichtschattigen Standorten, etwa unter einer Kiefernkrone, besonders wohl. Je kleiner das Rhododendrenlaub, desto

Rhododendren sind Blütensträucher der Extraklasse. Sie ergänzen sich hervorragend mit attraktiven Blattschmuckstauden, etwa mit Hostas.

Japanische Azaleen lieben windgeschützte Standorte. Eingebettet zwischen anderen Gehölzen, überstehen sie selbst harte Winterperioden ohne Blattverluste.

Mein Rat

Der Fachhandel bietet heute kalktolerante Rhododendren an, mit denen eine Pflanzung auch auf untypischen Böden möglich wird. Normalerweise machen saure Bodenverhältnisse Rhododendren lustig. Dank einer kalkverträglichen Veredlungsunterlage tolerieren so genannte Inkarho®-Rhododendren jetzt auch Böden mit pH-Werten von 6 bis 6,5. Sie kommen vollkommen ohne Torfzusätze aus, den fehlenden Humus ersetzen Kompost- bzw. Rindenhumusgaben.

mehr Sonne kann es vertragen. Hält man den Boden gleichmäßig feucht, vertragen viele Arten sogar mehr direkte Sonne, als man vermuten könnte. Trotzdem: Rhododendren stehen am liebsten auf kühlfeuchtem Humus. Durch spezielle Erden – beispielsweise mit einem hohen Anteil an kompostierter Rinde – kann der Boden rhododendrongerecht aufgebessert werden.

Pflanzen Sie veredelte Rhododendren nicht zu tief, sonst bildet die Edelpflanze eigene Wurzeln und der Einfluss der Unterlage geht verloren. Der Ballen richtig gepflanzter Rhododendren darf mit seiner oberen Wölbung nach dem Pflanzen noch sichtbar sein, tiefer als bodeneben soll er nicht gesetzt werden.

Immergrüne Rhododendren verdunsten auch im Winter Wasser. Es gelten dieselben Regeln wie bei den immergrünen Laubsträuchern. Rhododendren sind ausgesprochene Flachwurzler, graben Sie niemals in ihrem Wurzelbereich. Ein Rückschnitt der Pflanzen ist unüblich, aber möglich.

Auch in Kälteperioden verdunsten Rhododendrenblätter Wasser. Bei extremen Minustemperaturen können Rhododendren auch auf ausreichend feuchten Böden kein Wasser aufnehmen. Um ihren Wasserverbrauch einzuschränken, rollen die Sträucher deshalb ihre Blätter stark ein. Sobald die Wasseraufnahme wieder möglich ist, entrollen sich die Blätter umgehend. Ist der Boden trocken, empfiehlt sich zusätzlich ein ausgiebiges Wässern für einen guten Start ins Frühjahr. Durch den Lebendmulch, den etwa Waldsteinien bilden können, werden die flach streifenden Wurzeln vor direkter Besonnung geschützt. Flächig breitet sich auch die Schaumblüte *(Tiarella)* aus.

Die kalkverträglichen Inkarho®-Rhododendren erweitern die Pflanzmöglichkeiten beträchtlich.

Viele großblumige Azaleen verfügen über einen herrlichen Duft.

Bereits ab März erblüht der dekorative Vorfrühlings-Rhododendron.

Rosen – die Königinnen der Blumen

Unbestritten ist die Rose die älteste und traditionsreichste Kulturpflanze der Menschheit. Bereits vor 25 bis 30 Millionen Jahren gab es rosenähnliche Gewächse, wie Versteinerungen beweisen. Im 7. Jahrhundert v. Chr. bezeichnete die Dichterin Sappho in einem Gedicht die Rose als »Königin der Blumen«. Diesem Ruf ist sie bis heute gerecht geworden. Keine andere Gehölzgruppe wurde durch Kreuzungen um eine solche Vielzahl an Sorten bereichert wie die Rose. Zur Zeit zählen Fachleute weltweit mehr als 30.000 verschiedene Rosensorten. Durch die Einkreuzung asiatischer Arten wie beispielsweise *Rosa multiflora* oder *Rosa wichuriana* entstanden – in Verbindung mit den neuen Edelrosen – erst im 20. Jahrhundert die modernen, vielblütigen und öfterblühenden Edel- und Beetrosen. Bedingt durch die vielfältigen Wuchsformen

Tiefgründige Standorte sowie Stützen, die Kletterrosen Halt geben, garantieren Blütenpracht.

Robuster Bestseller: 'Gloria Dei', die berühmteste Edelrose aller Zeiten.

haben sich verschiedene Rosengruppen herauskristallisiert, deren Bezeichnungen unentbehrliche Hinweise auf mögliche Gestaltungseinsätze geben. Unterschieden werden hierbei: Beet-, Flächen-, Strauch-, Edel-, Kletter- und Zwergrosen.

Eine Ausnahme sind die Stammrosen, die keine eigenständige Rosengruppe darstellen. Sorten aller Rosenklassen werden auf 40 cm (Fußstämme), 60 cm (Halbstämme), 90 cm (Hochstämme) und 140 cm (Kaskadenstämme) hohe Stämme veredelt.

Rosen sind echte Sonnenkinder, die einen sonnig-luftigen Standort und tiefgründigen Boden lieben. Wo Licht und Luft hintreffen, können die Blätter der Rosen auch abtrocknen. Trockenes Rosenlaub ist die Grundlage für pflegeleichte gesunde Rosen. Nasse Blätter hingegen bieten Krankheitspilzen ideale Vermehrungsbedingungen.

Mit niedrigen Beet- und Strauchrosen lassen sich bunte Blütenhecken gestalten.

Strauchrosen wie 'Schneewittchen'® eignen sich auch für Rosenstämmchen.

Die Beetrose 'Bonica'®, ein Paradebeispiel für Frosthärte und Blühkraft.

Nadelsträucher

Nadelsträucher wie der Blaue Zwerg-Wacholder bleiben auch nach Jahren im Rahmen.

Mein Rat

Unfairerweise wird Nadelgehölzen häufig das Stigma »Fremdländer« aufgedrückt. Dies soll ihre ökologische Wertlosigkeit hervorheben und von ihrer Verwendung abraten. Dabei sind gerade die Gehölze im Nadelstreif wichtige Pollenspender für Bienen im blütenarmen Vorfrühling. Mit ihrer immergrünen Nadeltracht bieten sie für Vögel und andere Tiere auch im Winter einen nicht einsehbaren und damit sicheren Schutz.

Das Besondere an den Nadelsträuchern sind ungewöhnliche Wuchsformen und häufig ein attraktiver Zapfenschmuck. Mit ihrer meist immergrünen Benadlung gelangt eine gestalterische Konstante in den Garten, die neben dem lebhaften Blütenfeuerwerk vieler Ziersträucher für kontrastreiche Ruhe rund um das Jahr sorgt. Das wohltuende Grün vermittelt etwas von der Stille, von der gestresste Großstadtseelen allzu oft träumen. Auch im Winter bleibt diese Komponente durch die immerblauen, -gelben oder -grünen Nadelkleider der vielen Arten und Sorten erhalten. In vielen Gärten ist Platz heutzutage ein wertvolles Gut und so erstaunt es nicht, dass insbesondere die vielen Zwergformen bei den kreativen Gartenfreunden regen Anklang finden. Dabei handelt es um Zwerg-Ausgaben imposanter Nadelriesen, die selbst auf kleinsten Flächen, beispielsweise Grabstellen, ein Plätzchen finden. Die immergrünen Zwerge sind unverwüstliche Gartengewächse voller Bescheidenheit, die sogar exponierten, trockenen Sonnenlagen und Nährstoffarmut trotzen. Außerdem besitzen sie die robuste Frosthärte vieler Nadelgehölze.

Mitunter verfärben sich Nadeln gelb und fallen ab. In Maßen ist dies überhaupt kein Grund zur Sorge, sondern vollkommen normal. Angaben zur Wuchshöhe beziehen sich auf die Höhe des Gehölzes nach zehn Standjahren im Garten. Ausgangspflanzen waren mehrjährige Sträucher, die in einer gängigen Pflanzgröße gekauft wurden.

Nadelbäume

Wie bei den Laubbäumen beschränkt sich der Einsatz von Nadelbäumen auf entsprechend große Gartenräume. Wo Nadelbäume ausreichend Platz finden, sind sie sommers ein kühlender Schattenspender und winters ein wertvoller Vogelschutz.

In mittelgroße Gärten passt am besten eines der vielen säulenförmig wachsenden Nadelgehölze. Wem mehr Raum zur Verfügung steht, kann es mit einem der bizarr-malerisch

Die Panzer-Kiefer gilt unter Kennern als die schönste hochwachsende Garten-Kiefer.

wachsenden Formen mit stark herabfallenden Ästen versuchen. Eine Augenweide sind sie alle.

Nadelbäume wachsen je nach Gattung unterschiedlich schnell. Scheinzypressen schießen zwei- bis dreimal so rasch in die Höhe wie die gemächlich dahinwachsende Eibe. Angaben zur Wuchshöhe von Nadelbäumen bleiben deshalb immer relativ und beziehen sich auf die Höhe des Gehölzes nach 15 bis 20 Standjahren im Garten. Ausgangspflanzen waren mehrjährige Bäume, die in einer gängigen Pflanzgröße gekauft wurden. Wie bei den Laubbäumen ist es ratsam, sich vor einer Pflanzung mit den Bestimmungen des Nachbarschaftsrechts zubeschäftigen. So wird einem möglichen Nachbarschaftskonflikt bereits im Vorfeld die Grundlage entzogen.

Auf einen Blick

- Laubsträucher und -bäume schmeicheln dem Auge durch attraktive Blüten, leuchtende Herbstfärbung und vielfältige Wuchsformen.
- Immergrüne Gehölze zeigen rund ums Jahr Laubfarbe.
- Rhododendren und Rosen sind Blütengehölze der Extraklasse.
- Nadelgehölze sind ökologisch wertvolle Gartenpflanzen, die sich durch ihre Pflegeleichtigkeit dem bequemen Gartenfreund empfehlen.

Die besten Gartengehölze

Ob Bauerngarten, Heidegarten oder Duftgarten – immer gehören auch Gehölze zu diesen bekanntesten Gartenstilen. Die nachfolgende Auswahl beantwortet die am häufigsten gestellten Fragen bei der Planung und gewährleistet einen raschen Überblick über die am besten bewährten Gehölze für die jeweilige Verwendung.

Erklärung zu den Symbolen

Symbolleiste:
Die Symbolleiste gibt in Kurzform Auskunft über den Lichtanspruch, die Wuchshöhe, die Erntezeit und die Kulturzeit der Pflanze.

Lichtansprüche
☼ Sonniger Standort
◐ Halbschattiger Standort
● Schattiger Standort

Wuchshöhe
↑ 100 Wuchshöhe in cm

Blütezeit
❀ 6–8 Blütezeit in Monaten

Duft
❀ Duftpflanzen

Formschnitt
✄ Diese Gehölze eignen sich für den Formschnitt

Kübeleignung
▽ Diese Gehölze können im Kübel gehalten werden

Kein Garten ohne Gehölze

Für jeden Standort und jede Gestaltungsidee lassen sich besonders geeignete Ziersträucher und Hausbäume finden. Wer sich einmal mit den in unseren Breiten frostharten und vitalen Ziergehölzen etwas eingehender beschäftigt, wird von der beispiellosen Formenfülle überrascht sein. Ganz niedrig bleibende Gehölze können kahle Böden bedecken, hoch aufragende in den Himmel wachsen und dazwischen bieten sich alle nur denkbaren Übergänge. Gehölze überspielen bei richtiger Auswahl scheinbar mühelos extreme Standort- und Klimaverhältnisse. Für viele Gartenstile sind einzelne Gehölze bestimmend. Denn, was ist ein Bauerngarten ohne Hortensien und ein Heidegarten ohne Säulen-Wacholder? Wohl und Wehe für den Gartenfreund ist die Angebotsfülle im Fachhandel. Da ist guter Rat teuer, will man keine Fehler machen und von Anfang an Spaß mit seinen Gehölzen haben. Die nachfolgende, verwendungs- und standortorientierte Aufteilung der Gartengehölze soll Ihnen eine Hilfe bei der ersten Vorauswahl sein. Sie kann und will keine Fachbera-

Ein besonders dekoratives Blütengehölz ist der Perlmuttstrauch.

Mein Rat

Gartengehölze sind weit weniger heikel als oft angenommen. Selbst Magnolien und Päonien, die Diven unter den Ziersträuchern, erfüllen bei richtiger Hege und Pflege die in sie gesetzten Erwartungen.

tung oder gar eigenes Geschmacksempfinden ersetzen, dazu sind auch die Standortvoraussetzungen in vielen Hausgärten zu unterschiedlich. Bewährte Auswahlvorschläge erleichtern aber die Planung beträchtlich und helfen, Fehler beim Pflanzenkauf zu vermeiden. Allzu oft erfolgt der Kauf von Pflanzen auf Grund eines spontanen Eindrucks. Wenn die Gehölze dann später im Garten versagen oder viel Pflegearbeit erfordern, wird aus der einstigen Lust am Gehölz eine Last.

Heckentypen

Hecken sind weit mehr als nur eine Möglichkeit, mit wenig Platz ein Grundstück attraktiv abzugrenzen. Sie sind die wichtigsten Raumbildner unserer Gärten.

Sichtschutzhecken

Die Wahl einer bestimmten Heckenform ist eine Frage des Geschmacks und der Platzverhältnisse. Schmal gehaltene Formhecken als Sichtschutz sind wohl am weitesten verbreitet. Entsprechende Heckenwände werden meist in einer Höhe zwischen 200 und 300 cm gehalten und können relativ schmal gezogen werden. Dieser Heckentyp entspricht dem Wunsch vieler Gartenfreunde und Hausbesitzer, die sich mit möglichst wenig Platzverlust eine grüne Oase mit ungestörter Privatsphäre schaffen zu wollen. Gerade in Zeiten dicht besiedelter Wohngebiete, wo Häusern nur noch relativ kleine Grundstücke zugestanden werden, nimmt dieser Trend ständig zu. Eingearbeitete Flecht- und Lattenzäune ermöglichen es, auch schmale Sichtschutz-Hecken blickdicht zu gestalten.

Achten Sie bei der Pflanzenauswahl für regelmäßig geschnittene Hecken auf Gehölze, die nicht nur einen Schnitt ihrer jungen Triebe, sondern auch einmal einen kräftigen Rückschnitt bis weit in das alte Holz vertragen. Konische Heckenformen bleiben bis unten dicht. Bevor Sie Ihre Hecke anlegen, empfiehlt sich ein Gespräch mit dem Nachbarn. Informieren Sie sich über die Mindestabstände, die das Nachbarschaftsrecht zur Grundstücksgrenze hin vorsieht. Außerdem ist eine hohe Sichtschutzhecke von über 200 cm ein markanter Eingriff in das Gartenbild mit teils folgenreichem Schattenwurf. Vielleicht können Sie sich mit dem Nachbarn sogar auf eine gemeinsame Hecke einigen, die mittig auf der Grenze gepflanzt wird. Dadurch sparen beide Geld, die Pflegearbeit lässt sich besser aufteilen und das vorhandene Gelände kann effektiver genutzt werden.

Windschutzhecken

Wer in einer windreichen Gegend lebt, weiß, wie schwer es sein kann, im eigenen Garten ein pflanzen- und tiergerechtes Kleinklima zu schaffen. Auch fehlende Schutzwälle für frostempfindliche Pflanzen können die Anlage einer Windschutzhecke rechtfertigen. Denn die meisten Winterschäden an wertvollen Gehölzen wie Rosenstämmchen oder immergrünen Laubsträuchern wie Rhododendron und Kirschlorbeer sind Trockenschäden, verursacht durch austrocknende kalte Winde aus dem frostigen Osten.

Mit einer Windschutzhecke eröffnen sich windgeplagten Grundstücksbesitzern ganz neue Perspektiven. Starre Zäune oder geschlossene Mauern haben den entscheidenden Nachteil, dass sie den Wind total abblocken. Dadurch entstehen auf der Mauerrückseite Wirbelwinde, die zu Trockenschäden bei Pflanzen führen. Gut erkennen lässt sich die Wirkung dieser Wirbel an umgeworfenen, schrägen Pflanzen, wie man sie direkt hinter Mauern häufig findet. Durchlässige Windschutzhecken aus etwa Rot-Buchen oder Hainbuchen wirken dagegen wie Windfilter: Sie nehmen dem Wind die Kraft, lassen ihn aber passieren. Allerdings können Windschutzhecken diese Aufgabe natürlich nur erfüllen, wenn sie rechtwinklig zur Hauptwindrichtung stehen.

Lockere Blütenhecken – für die, die viel Platz, aber wenig Zeit haben

Wenn von Hecken gesprochen wird, sind damit meist streng geschnittene Kastenformen gemeint, wie es sie in der freien Natur gar nicht gibt. Dabei geht es durchaus auch naturnah. Unter der Bezeichnung »lockere Hecke« etwa firmieren in der Regel ungeschnittene Blütenhecken. Ingredienzien dieser Blütenwälle sind Ziersträucher, die sich wegen (oder besser: dank) ihrer natürlichen

Mir Raureif überzogene Buchsbaumhecken sind auch im Winter ein attraktiver Blickfang. Zudem halten sie dank ihres Winterlaubes bitterkalte Ostwinde von den Pflanzen fern.

Form nicht für einen strengen Schnitt eignen. Lockere Blütenhecken erreichen in Regel eine höhere Dichte mit besserem Lärmschutz als Formhecken. Dieser Heckentyp besteht entweder nur aus einer Pflanzenart oder aus einer Mischung vieler verschiedener Sorten. Je mehr Vielfalt eine Hecke aufweist, desto besser ist sie vor Krankheiten und Schädlingen geschützt. Ein Befall beispielsweise durch Raupen fällt in einer gemischten Hecke kaum auf, da er nur partiell auftritt.

Blütenhecken brauchen keinen regelmäßigen Schnitt. Sie sind also ein heißer Tipp für alle Lazy-Gärtner, obwohl natürlich regelmäßige Pflege auch eine locker wachsende Blütenhecke immer schöner macht. Der Schnitt dieser Blütenhecken beschränkt sich jedoch auf das Auslichten, das Herausschneiden abgestorbener Triebe oder einfach darauf, die Hecke auf einer bestimmten Höhe zu halten. Dass diese Heckenform trotzdem wenig verbreitet ist, liegt in erster Linie daran, dass unsere heutigen durchschnittlichen Gartenmaße oft nicht den Raum für breite Heckenlösungen bieten. Deshalb finden Sie nachfolgend eine Reihe von Blütenheckenvorschlägen für große und mittelgroße Gärten.

Im Prinzip können alle Sträucherarten als Heckenpflanzen zum Einsatz kommen. Allerdings werden diejenigen bevorzugt vorgestellt, die schnell wachsen und gut konkurrenzfähig sind.

Noch ein Hinweis: Pflanzen Sie Blütenhecken nicht zu dicht. Der Pflanzenbedarf lässt sich nicht generalisieren und nur für den Einzelfall angeben. In der Regel rechnet man aber mit 3 bis 5 Pflanzen pro m², die in einer gängigen

Wem ein entsprechend breiter Pflanzstreifen zur Verfügung steht, sollte auch die Möglichkeiten einer locker wachsenden Blütenhecke mit in seine Planungen einbeziehen.

Pflanzengröße (60 bis 100 cm Höhe) gekauft wurden. Wer trotzdem dichter pflanzen möchte, damit die Hecke schnell einen geschlossenen Eindruck macht, kann im Laufe der Jahre einzelne Gehölze herausnehmen, um so entsprechende Freiräume für die verbleibenden Heckenmitglieder zu schaffen.

Mein Rat

Wenn Ihnen vor allem aus Platzmangel der Weg zu einer lockeren Blütenhecke versperrt ist, können Sie die Strenge einer Formhecke beispielsweise dadurch auflockern, dass Sie Rosen, Gräser, Polsterstauden oder Heide vorpflanzen.

Gehölze für lockere, ungeschnittene Hecken

Maiblumenstrauch
Deutzia gracilis

☀ – ◐   ↑ 40–60   ❀ 5–6   🪴

Gruppe: Laubsträucher
Profil: Top-Deutzie für kniehohe, locker wachsende, zartweiße Blütenwälle. Als Einzelpflanze herrliche Ergänzung zu Ton-in-Ton blühenden Stauden und Beetrosen auf verträumten Pflanzstellen.
Wuchsform: breitbuschig
Blüte: weiß, Rispe
Laub: oval, bis 6 cm
Weitere Verwendung: Dachgarten, Minigärten, lockere Hecke (bis 50 cm), Bienenweide, Schnittgehölz.

Tipp: Rückschnitt ohne falsche Scheu: Einfach die verblühten Blütenträger bündelweise am Schopf packen und abschneiden. Dem Schnitt folgt die Blütenfülle.

Beetrosen
Rosa-Sorten

☀   ↑ 50–70   ❀ 6–10   🪴

Gruppe: Rosen
Profil: Beetrosen sind die einzigen sommerlang blühenden Heckenfärber für lockerflockige Heckensäume. Leider noch viel zu wenig genutzte Heckenpflanzen, die nicht teurer als andere Edel-Ziersträucher sind.
Standort: sonnig
Wuchsform: buschig aufrecht
Wuchshöhe: je nach Sorte bis 70 cm
Blüte: je nach Sorte rot, gelb, rosa, weiß und orangefarben, Dolde
Blütezeit: Juni bis Oktober
Laub: grün, bis 10 cm
Weitere Verwendung: Beete, Rabatte, Kübel
Tipp: Rückschnitt im Frühjahr erhöht die Blühvitalität
Sortenauswahl: 'Amber Queen®' (Beetrose, aprikot), 'Bonica® 82' (rosa), 'Flashlight®' (rosa, bis 120 cm), 'Leonardo da Vinci®' (rosa, stark gefüllt), 'Schneeflocke®' (weiß), 'The Queen Elizabeth Rose®' (rosa, hoher Wuchs), 'Westzeit®' (orange-aprikot)

Der Kalk tolerierende Zwergstrauch ist sehr gut als Blütengehölz einsetzbar, wenn nur wenig Platz vorhanden ist.

Wildrosen
Rosa-Arten

  80 6–8

Spiersträucher sind eine einzige Pracht. Auch als Heckenpflanzen sind sie unübertroffen. Dazu passen Deutzien, Weigelien oder auch Edel-Flieder.

Gruppe: Laubstrauch
Profil: Hagebutten, robustes Laub, Duftblüten – viele Wildrosen eignen sich sehr gut für niedrige Blütenhecken. Zahlreiche Hagebutten bereits ab dem Sommer machen die sehr frostharten Steh-auf-Männchen zudem zu Wildobststräucher allererster Güte.
Standort: sonnig bis halbschattig
Wuchsform: buschig aufrecht
Wuchshöhe: je nach Art bis 200 cm
Blüte: weiß, rosa
Blütezeit: Mai bis Juni, Nachblüte bis Oktober
Laub: gefiedert, bis 20 cm
Weitere Verwendung: Hausgarten, Wildobst, Vogelschutzgehölz, Bienenweide, Fruchttriebe für Schnitt, frosthartes Kübelgehölz.
Tipp: Verjüngung im mehrjährigen Turnus wirkt der Vergreisung entgegen und erhöht die Strauchvitalität.
Artenauswahl: Kartoffelrose *(Rosa rugosa)*, Essigrose *(Rosa gallica)*

Kissen-Spiere
Spiraea japonica-Sorten

   80 6–8

Gruppe: Laubsträucher
Profil: Ideale, da klein bleibende Spiersträucher für sympathische Gartenabgrenzungen. Die sommerliche Blüte ist ein beliebter Insektenmagnet.
Wuchsform: buschig
Blüte: je nach Sorte weiß, rosa, rot, es handelt sich um eine Doldentraube
Laub: grün oder buntlaubig, lanzettlich, bis 7 cm
Weitere Verwendung: Steingarten, Japangarten, Tröge, Minigärten, lockere Hecke (je nach Sorte bis 50 cm), Bodendecker, Bienenweide.
Tipp: Verschiedene Sorten regelmäßig in lockeren Heckenwällen mischen.
Sortenauswahl: ‘Alpina’ (rosa, bis 20 cm), ‘Anthony Waterer’ (rot, bis 80 cm), ‘Goldflame’ (rosa, gelbes Laub, bis 60 cm), ‘Little Princess’ (rosa, bis 30 cm), ‘Shirobana’ (weiß und rosa gemischt, bis 60 cm).

Gehölze für Schnitthecken

Grüne Hecken-Berberitze
Berberis thunbergii

 ☀ – ◐ ⬆ 150–200   ❀ 5   🪴

Gruppe: Laubsträucher
Profil: Unverwüstlicher Hecken-Arbeiter mit tausendfacher Referenz. Selbst ausgesprochene Trockenheit, ärmste Böden und härteste Schnitteingriffe können dieses Stehaufmännchen nicht unterkriegen.
Wuchsform: buschig
Blüte: primelgelb, Büschel
Frucht: rot
Trieb: bedornt
Laub: eiförmig, bis 3 cm

Dank ihrer guten Schnittverträglichkeit bis ins hohe Alter kann die Hainbuche als Formhecke zum Einsatz kommen.

Weitere Verwendung: Wildobst, Vogelschutzgehölz, Vogelnährgehölz, Bienenweide, Kübelgehölz, Dachgarten, Hecke (Schnitthöhe 50 bis 80 cm), gedeiht auch auf Sandböden.
Tipp: Dornig, am besten nur mit Handschuhen schneiden bzw. pflanzen. Versperrt unerwünschte Trampelpfade.
Weitere Sortenempfehlung: Rote Hecken-Berberitze *(Berberis thunbergii* 'Atropurpurea'), rotlaubiges Pendant zur grünlaubigen Hecken-Berberitze.

Hainbuche
Carpinus betulus

 ☀ – ◐ 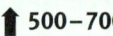 ⬆ 500–700   ❀ 4   ✂

Gruppe: Laubbäume
Profil: Vielfältig einsetzbares Garten- und Parkgehölz mit frischgrüner Belaubung für schöne Blatthecken. Ideal als Windschutzhecke, da das Laub den Winter über bis zum Frühjahr haften bleibt.
Wuchsform: rundliche Krone
Blüte: gelb, Kätzchen
Frucht: Flügelnuss
Laub: elliptisch, bis 10 cm, Herbstfärbung gelb
Weitere Verwendung: Windschutz, Vogelschutzgehölz, Vogelnährgehölz, Formgehölz, Bauerngarten, Hecke (Schnitthöhe 100 bis 300 cm), besonders in größeren Hausgärten zu empfehlen.

Tipp: Beim Pflanzen die Hainbuchen-Wurzeln nicht eine Minute austrocknendem Wind oder brennender Sonne aussetzen. Wurzelnackte Ware sofort und am besten bei bewölktem Himmel pflanzen.

Blaue Säulenzypresse
Chamaecyparis lawsoniana 'Columnaris'

 ☀ – ◐   ↑ 300–500   ✿ –   ⊽

Gruppe: Nadelbäume
Profil: Klassische Heckenpflanze.
Wuchsform: dicht säulenförmig
Nadeln: bläulich, schuppenförmig
Weitere Verwendung: Heidegarten, Hecke (Schnitthöhe 125 bis 300 cm), Friedhof, Vogelschutzgehölz, Binderei.
Tipp: Spätere Heckenlücken durch kleinere Jungpflanzen ersetzen zu wollen, ist wenig aussichtsreich. Nur mit gleichgroßen Ersatzpflanzen lässt sich einstige Geschlossenheit wieder erreichen.

Die Blaue Säulenzypresse ist die klassische Heckenzypresse. Sie verbindet Schnittverträglichkeit mit elegantem Säulenwuchs.

Rot-Buche
Fagus sylvatica

 ☀ – ●   ↑ 700   ✿ –   ✂

Gruppe: Laubbäume
Profil: Eigentlich ein imposanter Waldbaum, der nur durch kontinuierlichen Schnitt im Rahmen zu halten ist. Für Windschutz.

Wuchsform: breit gewölbte Krone
Frucht: Bucheckern, in Mengen genossen schwach giftig
Laub: oval, bis 10 cm, Herbstfärbung kräftig orangegelb
Weitere Verwendung: Vogelnährgehölz, Bienenweide, Formgehölz, Hecke (Schnitthöhe 150 bis 300 cm), das heimische Gehölz verträgt auch Vollschatten.
Tipp: Braunes Laub fällt erst zum Frühjahr ab. Nicht mit Gewalt abreißen, da wichtiger winterlicher Windschutz.

Schwarzgrüner Liguster
Ligustrum vulgare 'Atrovirens'

 ☼ – ● ⬆ 100–150 ❀ 6–7 🪣 ✂

Gruppe: Laubsträucher
Profil: Legendärer Heckenklassiker, der jeden Schnitt überlebt.
Wuchsform: buschig aufrecht
Blüte: cremeweiß, Rispe
Duft: angenehm
Frucht: schwarz, schwach giftig
Laub: wintergrün, lanzettlich, bis 6 cm
Weitere Verwendung: Vogelschutzgehölz,

Liguster ist der Heckenklassiker schlechthin, da er selbst radikalste Schnittmaßnahmen geduldig erträgt. Hier als formierte Mauerkrone.

Bienenweide, Formgehölz, Kübelgehölz, Hecke (Schnitthöhe 100 bis 200 cm), das schnell wachsende Gehölz gedeiht auch auf Sandboden.
Tipp: Regelmäßiger Schnitt verhindert unerwünschten Fruchtansatz.

Mein Rat

Bei stark wachsenden Hecken-Thuja und -Zypressen empfiehlt es sich, nach der Pflanzung den Spitzentrieb mit einer Schere herauszuschneiden. Bei der gängigen Sortierung von 80 bis 100 cm Pflanzenhöhe ohne Ballen schneiden Sie ca. 20 cm des Spitzentriebes heraus. Dadurch wird der strenge Säulenwuchs aufgebrochen und die Dichttriebigkeit gefördert. Immergrüne Hecken sollten im Herbst einen letzten Schönheitsschnitt erhalten, damit sie sich während der langen Winterphase von ihrer besten Seite zeigen können. Vermeiden Sie aber harte Schnitteingriffe, da die Gehölze Wunden jetzt nicht mehr verschließen können und Väterchen Frost Tür und Tor offen stünde.

Gemeine Eibe
Taxus baccata

☼ – ◑ ⬆ 500–700 ❀ –

Gruppe: Nadelbäume
Profil: Schnittverträglichstes Nadelgehölz, das selbst ohne direkte Sonnenbestrahlung ästhetisch ansprechend auf Dauer

bestehen kann. Edler Hausrahmen für Heckenkenner.

Wuchsform: buschig

Frucht: rot, Same zerkaut giftig

Nadeln: schwarzgrün, bis 3 cm, giftig

Weitere Verwendung: Heidegarten, Vogel-schutzgehölz, Vogelnährgehölz, Bienenweide, Formgehölz, Hecke (Schnitthöhe 100 bis 200 cm), Kübelgehölz, Bauerngarten, Grab-stellen, das heimische Nadelgehölz gedeiht auch im Vollschatten.

Tipp: Langsamwachser, lieber etwas stärkere Pflanzware wählen.

Brabant-Lebensbaum

Thuja occidentalis 'Brabant'

 ☀ – ● ⬆ 500–700   ✿ –   ⊽

Gruppe: Nadelbäume

Profil: Häufigste Heckenpflanze. Grüner Passepartout, der allen Anforderungen an eine Hecke gerecht wird. Der Brabant-Lebens-baum ist robust, sehr gut schnittverträglich, frosthart und sehr windfest. Er wächst gut aufrecht und hat frischgrünes Laub.

Wuchsform: schmal kegelförmig

Nadeln: schuppenförmig, giftig, Winternadeln grün, nicht verfärbend

Weitere Verwendung: Vogelschutzgehölz, Teichrand, Kübelgehölz, Hecke (Schnitthöhe 60 bis 250 cm), gedeiht auch in vollschattigen Bereichen.

Tipp: Im Winter größere Schneelasten aus Statikgründen entfernen.

Die Eibe gilt wegen ihrer Schnittfestigkeit als vielseitiges Nadel- und Heckengehölz. Sogar Skulpturen lassen sich aus ihm formen.

Weitere Heckengehölze

Name	Seite
Hoher Buchsbaum	45
Strauch-Efeu	46
Fruchtende Gartenhülse	47
Niedrige Mahonie	48
Fruchtende Becher-Eibe	49
Perlenbeere	54
Einfassungs-Buchs	61
Smaragd-Lebensbaum	83

Die zehn besten Vorgartengehölze

Der erste Eindruck entscheidet. So sind denn auch Vorgärten die grüne Visitenkarte der Hauseigentümer. Mit einer reizvollen Bepflanzung können Vorgärten Besucher auf besonders herzliche Art und Weise willkommen heißen. Natürlich ist Vorgarten nicht gleich Vorgarten. Bei der Pflanzenauswahl müssen die Licht- und Bodenverhältnisse genauso wie im Hausgarten berücksichtigt werden.

Oft besteht noch ein Raumproblem, wenn Autoabstellplätze und Stellflächen für Abfall-behälter bereits deutlich am zur Verfügung stehenden Raumkuchen genagt haben. Trotzdem: Selbst wenn nur einige Quadratmeter offene Bodenfläche zur Verfügung stehen, können – neben kompakten Sträuchern – Zierstämmchen wie das Mandelbäumchen oder sogar kleine Hausbäume gepflanzt werden. Ein Hausbaum gehört zum Garten wie das Dach zum Haus. Kleinkronige Bäume bleiben im Vorgartenrahmen, ohne dabei den Hauseigentümern über den Kopf zu wachsen.

Bereits wenige Gartengehölze sagen dem Besucher: Herzlich Willkommen.

Kugel-Ahorn
Acer platanoides 'Globosum'

Gruppe: Laubbäume
Profil: Beliebtester Hausbaum mit kugelrunder Krone für kleine Haus- und Vorgärten.
Wuchsform: kugelförmige Krone
Blüte: gelbgrün, Doldentraube
Frucht: geflügelt
Laub: spitz gelappt, bis 15 cm, Herbstfärbung schön gelb
Weitere Verwendung: Toreinfahrten, Kübelgehölz, Vogelschutzgehölz, Bienenweide, gedeiht auch auf Sandböden.
Tipp: In besonders strengen Frostlagen die Stämme im Winter schattieren, um Frostrisse zu vermeiden.

Kugel-Trompetenbaum
Catalpa bignonioides 'Nana'

Gruppe: Laubbäume
Profil: Dichtlaubiger Hausbaum mit riesigen Blättern und Globuskrone.
Wuchsform: kugelige Krone
Laub: herzförmig, bis 20 cm, Herbstfärbung kräftig gelb
Weitere Verwendung: Toreinfahrten, Vogelschutzgehölz.
Tipp: Tote Triebe ausschneiden.

Der Kugel-Trompetenbaum ist ein dichttriebiges Baumhaus für nistende Vögel, das selbst in kleine Gärten passt.

Reichblühende Prunkspiere
Exochorda 'The Pride'

Gruppe: Laubsträucher
Profil: Wunderstrauch für Vorgärten, der mit seinen reinweißen Mai-Blüten die Blicke auf sich zieht.
Wuchsform: breitbuschig
Blüte: weiß, Traube
Laub: eilänglich, bis 5 cm
Weitere Verwendung: Schnittgehölz.
Tipp: Junge Sträucher zwecks besserer Verzweigung im ersten Jahr nach der Pflanzung etwas zurückschneiden.

Blütenfülle in strahlendstem Gelb – Forsythien sind Frühlingskünder, die schon von weitem wie ein Goldschatz funkeln.

Goldglöckchen, Forsythie
Forsythia × intermedia-Sorten

     ☀ – ◑   ↑ 250   ❀ 3–4   🪴

Gruppe: Laubsträucher
Profil: Das leuchtende Blütengold dieses Frühlingskünders vertreibt den Winter aus dem Vorgarten.
Wuchsform: trichterförmig
Blüte: gelb
Laub: lanzettlich, bis 12 cm
Weitere Verwendung: Schnell wachsendes Schnittgehölz.
Tipp: Nicht zu beengt pflanzen. Bei Platzmangel lieber Zwerg-Sorte wählen.
Sortenauswahl: 'Lynwood' (bis 250 cm), 'Mêlée d'Or' (nur bis 80 cm), 'Minigold' (nur bis 100 cm) 'Spectabilis' (bis 250 cm), 'Week-End' (bis 150 cm).

Garten-Eibisch
Hibiscus-Gartensorten

     ☀   ↑ 100–150   ❀ 7–9   🪴

Gruppe: Laubsträucher
Profil: Exotisch anmutender Spätsommerblüher, der dem Vorgarten ein mediterranes Flair verleiht.
Wuchsform: trichterförmig
Blüte: je nach Sorte rot, violett, rosa, weiß, bis 14 cm Durchmesser
Laub: dreiteilig gelappt, bis 10 cm, Herbstfärbung gelb
Weitere Verwendung: Bienenweide.
Tipp: Junge Pflanzen im Wurzelbereich über Winter mit Laubschicht schützen.
Sortenauswahl: 'Ardens' (rotviolett, gefüllt), 'Blue Bird' (blauviolett, einfach), 'Coelestris' (pastellviolett, einfach, sehr frosthart), 'Hamabo' (rosa mit rotem Herz, einfach), 'Helena' (weißrosa, einfach), 'Pink Giant' (rosa, einfach), 'Red Heart' (reinweiß mit rotem Herz, einfach), 'Russian Violett' (lila,

einfach), 'Totus Albus' (weiß, einfach), 'Wood-bridge' (blaurot mit rotem Fleck, einfach).

Blaue Igel-Fichte
Picea glauca 'Echiniformis'

☀ – ◐   ⬆ 20–40   ✿ –   🪴

Gruppe: Nadelsträucher
Profil: Blaustachliger Igel, der selbst in kleinsten Vorgärten Besucher willkommen heißt.
Wuchsform: rundlich
Nadeln: bläulich, bis 2 cm
Weitere Verwendung: Heidegarten, Steingarten, Grabstellen, Dachgarten, Kübelgehölz, Minigärten.
Tipp: Prima Kübelgehölz für luftfeuchte Lagen.

Fingerstrauch
Potentilla fruticosa-Sorten

☀   ⬆ 40–60   ✿ 5–11   🪴

Gruppe: Laubsträucher
Profil: Unverwüstlicher Flächenfärber für Vorgärten aller Art.
Wuchsform: breitbuschig bis niederliegend
Blüte: je nach Sorte gelb, weiß, rosa, rot
Laub: gefingert, bis 4 cm
Weitere Verwendung: Heidegarten, Steingarten, Dachgarten, Kübelgehölz, Bodendecker, gute Bienenweide.
Tipp: Andauernde Bodentrockenheit ver-

meiden, da diese die Mehltauanfälligkeit deutlich fördert.
Sortenauswahl (Farbe, Blütendurchmesser): 'Abbotswood' (weiß, bis 2,5 cm), 'Goldfinger' (gelb, bis 5 cm), 'Goldteppich' (gelb, bis 4,5 cm), 'Jolina' (tiefgelb, bis 4 cm), 'Princess' (rosa, bis 3 cm), 'Red Ace' (rot, bis 3 cm), 'Red Robin' (rot, bis 3 cm).

Mandelbäumchen
Prunus triloba

☀   ⬆ 100–150   ✿ 4–5   🪴

Gruppe: Laubsträucher
Profil: Bewährtes Bäumchen für das private »Kirschblütenfest« im Vorgarten.
Wuchsform: aufrecht

Garten-Eibisch – wärmeliebender Spätsommerblüher mit exotischen Malvenblüten, die viele Hummeln locken.

Kugel-Akazie
Robinia pseudoacacia 'Umbraculifera'

  ⬆ 300–500   ❀ –

Gruppe: Laubbäume
Profil: Kleinkroniger Hausbaum für Vorgärten.
Die Krone wirkt wie mit dem Zirkel gezogen.
Wuchsform: kugelrunde Krone
Blüte: keine
Trieb: dornlos
Laub: gefiedert, bis 15 cm, Herbstfärbung
kräftig gelb
Weitere Verwendung: Toreinfahrten, Dach-
garten, Vogelschutzgehölz.
Tipp: Stärkster Rückschnitt ist problemlos
möglich.

Weigelie, Glockenstrauch
Weigela-Sorten

 – ⬆ 250   ❀ 6–8

Gruppe: Laubsträucher
Profil: Anspruchsloser, pflegeleichter Viel-
zweck-Strauch, den Sie pflanzen und dann
vergessen können.
Wuchsform: buschig
Blüte: je nach Sorte rot, weiß, rosa
Laub: grün oder buntlaubig, eiförmig, bis
10 cm, Herbstfärbung teilweise gelbrot
Weitere Verwendung: Hausgarten, Bienen-
weide, rot- und buntlaubige für Schnitt,
Schnellwachser, Bauerngarten.

Ein rosa Mandelbäumchen inmitten blühender
Frühlingszwiebelblumen lässt Gärtnerherzen
höher schlagen.

Blüte: rosa, gefüllt
Laub: oval, bis 8 cm
Herbstfärbung: gelb
Weitere Verwendung: Japangarten, beliebter
Zierstamm.
Tipp: Rückschnitt der Triebe nach der Blüte
vermindert Spitzendürre. Mitunter entsprin-
gen dem Wurzelstock oder dem Stamm Wild-
triebe. Diese unbedingt am Ansatz entfernen.

Tipp: Bringt auf Grund sehr langer Blütezeit effektiv Farbe in kleine Vorgärten.

Glockensträucher gelten als anspruchslose, boden- und lichttolerante Alleskönner, die durch ihr dichtes Laubwerk besten Sichtschutz bieten.

Sortenauswahl (Blütenfarbe, Wuchshöhe): 'Bristol Ruby' (karminrot, bis 250 cm), 'Bouquet Rose' (rosa, bis 200 cm), 'Eva Rathke' (dunkelrot, bis 150 cm), 'Evita' (karminrot, bis 100 cm), *W. florida* (rosaweiß gefleckt, bis 250 cm), *W. florida* 'Purpurea' (dunkelrosa, bis 150 cm, Laub braunrot), 'Nana Variegata' (rosa, bis 100 cm, Laub weißbunt), 'Snowflake' (weiß, bis 150 cm), 'Styriaca' (karminrosa, bis 200 cm), 'Variegata' (hellrosa, bis 150 cm, Laub weißbunt).

Mein Rat

Übrigens: Wussten Sie schon, dass Sie die Kugel-Akazie jedes Jahr im Frühling extrem hart zurückschneiden können? Nur Mut, denn Robinien haben die Fähigkeit, aus sogenannten schlafenden Knospen auszutreiben. Nach einem Totalrückschnitt der Krone bis auf kurze Stummel treiben diese Nebenknospen aus und sorgen für eine frisch grüne, rundum belaubte Kugelkrone.

Auch der Kugel-Ahorn ist äußerst schnittverträglich. Ist ein Schnitt nach vielen Gartenjahren nötig, besteht allerdings im Frühjahr die Gefahr, dass die Bäume an den Schnittwunden zu bluten beginnen. Zu diesem Zeitpunkt – kurz vor dem Austrieb – ist der Saftdruck besonders hoch. Die Bäume warten förmlich darauf, ihre gesamte Vitalität in den frischen Austrieb fließen zu lassen. Aus diesem Grund sollten Sie Kugel-Ahorne grundsätzlich nur im Herbst schneiden.

Die zehn besten buntlaubigen Gehölze

Gärten sind viel zu bunt, um schwarz zu sehen. Buntlaubige Gehölze sind malerische Farbenspender, die unserem Wunsch nach Abwechslung und reichhaltigem Farbspiel im Garten entgegen kommen. Blatt für Blatt reiht sich ein Naturunikat an das nächste. Der Fachmann nennt diese Blattmuster Panaschierung, die mal weiß getupft, dann wieder – je nach Art und Sorte – gelb gezeichnet sein kann. Nadelgehölze bringen dabei sogar die im Gehölzbereich seltene blaue Farbe mit ihrem Nadelkleid ins Gartenspiel. Kunterbuntes Laub ist ein Blickfang, der einer Laune der Natur entsprang. Gärtner haben dieses Merkmal durch besondere Vermehrungsarten fixiert. Nicht nur Gehölze, auch Stauden wissen sich grünbunt in Szene zu setzen. Es gibt zahlreiche buntlaubige Sorten von Chinaschilf, Taubnessel, Hosta und Lungenkraut, um nur einige wenige zu nennen. Dosieren Sie buntlaubige Gehölze und Stauden jedoch mit Bedacht. Durch übertriebenen Einsatz geht viel von ihrer Kontrastwirkung verloren. Hier ist weniger oft mehr. Buntlaubige Laubgehölze zieht es eher an absonnige Standorte. Stehen sie in der vollen Sonne, muss für eine kontinuierlich vorhandene Bodenfeuchtigkeit gesorgt sein, sonst neigt ihr Laub zum Verbrennen.

Rosabunter Eschen-Ahorn – ein bodentoleranter Strauch, der mit seinem flamingorosafarbenen Laubaustrieb die Blicke im Frühjahr auf sich zieht.

Rosabunter Eschen-Ahorn
Acer negundo 'Flamingo'

  200 – 300   –

Gruppe: Laubsträucher
Profil: Das Laub dieses Strauches oder klei-

nen Baumes erinnert an feinstes Porzellan.
Der flamingofarbene Blattaustrieb ziert
Triebe, die mehr als einen Meter im Jahr
wachsen können.
Wuchsform: buschig, ungeschnitten bleibt er
ein kleiner Baum
Laub: weißrosa gerandet, gefiedert, über
20 cm, Austrieb rosa
Weitere Verwendung: Zierstamm, Kübelgehölz, Teichrand, das schnell wachsende Gehölz nimmt auch mit Sandböden vorlieb.
Tipp: Jährlicher Schnitt hält den Strauch klein
und sorgt für viele laubbunte Neutriebe. Rein
grüne Triebe entfernen.

Mit buntlaubigen Gehölzen wie dem Weißbunten
Pagoden-Hartriegel lassen sich besondere Farb-
akzente setzen und Kontraste schaffen.

Weißbunter Pagoden-Hartriegel

Cornus controversa 'Variegata'

  150–200 6

Gruppe: Laubsträucher
Profil: Edelster weißbunter Kleinbaum, der
seine Astschwingen etagenartig ausbreitet.
Wuchsform: breit ausladend, Triebe in
mehreren Etagen
Blüte: weiß, Schirmrispe
Frucht: blauschwarz
Laub: weißbunt, oval, bis 16 cm, Herbstfär-
bung kräftig rot
Weitere Verwendung: Heidegarten, Japan-
garten, Teichrand.
Tipp: Dankt einen geschützten Standort mit
malerischer Wuchsform und natürlicher
Strauchschönheit.

Purpur-Hasel

Corylus maxima 'Purpurea'

☼ – ◑   ↑ 150–200   ✿ 3–4   ⬚

Gruppe: Laubsträucher
Profil: Feuerkopf, extrem lichttolerant und
wuchsvital. Wer einen schnell wachsenden
Rotlauber sucht, liegt hier richtig.
Wuchsform: buschig aufrecht
Blüte: rot, Kätzchen
Frucht: rotbraun, Nuss, essbar
Laub: schwarzrot, eiförmig, bis 15 cm
Weitere Verwendung: Wildobst, Vogelschutz-

Purpur-Hasel mit essbaren Haselnüssen und attraktivem rotem Dekorlaub.

Selbst auf trockensten Gartenstandorten versagt der Rote Perückenstrauch nicht.

gehölz, Bienenweide, Schnittgehölz, wächst sehr schnell.
Tipp: Rotlaubiges Wildobst, das Zierde und Nutzen farbenfroh verbindet.

Roter Perückenstrauch
Cotinus coggygria 'Royal Purple'

☀	⬆ 150–200	✿ 6–7	🪴

Gruppe: Laubsträucher
Profil: Rotlaubiger Trockenheitsakrobat, der sich im Sommer mit haarschopfartigen Blütenperücken verschönert.
Wuchsform: breitbuschig
Blüte: gelblich rot, Rispe
Frucht: rosarot, perückenartiger Fruchtstand
Laub: rot, eiförmig, bis 9 cm, Herbstfärbung gelbrot
Weitere Verwendung: Hausgarten, Heidegarten, rote Laubtriebe für Schnitt, wächst auch auf Sandböden.
Tipp: Geschützter Standort wird empfohlen.

Gelbbunter Efeu
Hedera helix 'Goldheart'

☀ – ◐	⬆ 200–300	✿ –	🪴

Gruppe: Klettergehölze
Profil: Gelbbunter Klettermaxe ohne Schwindelgefühl, der selbst große Höhenunterschiede überwindet.

Wuchsform: selbstständig kletternd mit HIlfe von Haftwurzeln
Frucht: blauschwarz, giftig
Laub: gelbbunt, immergrün, eiförmig, bis 8 cm
Weitere Verwendung: Teichrand, verträgt vollen Schatten.
Tipp: Vorsicht bei rissigem Putz, Regenrinnen, gestrichenen Wänden.

Gelber Strauch-Wacholder
Juniperus media × 'Old Gold'

Gruppe: Nadelsträucher
Profil: Das Nadelgold dieses kleinen Schatzes bereichert jeden Garten.
Wuchsform: breitbuschig bis ausgebreitet
Nadeln: gelb, schuppenförmig, spitz
Weitere Verwendung: Heidegarten, Steingarten, Grabstellen, Dachgarten, Kübelgehölz, guter Bodendecker, gedeiht auch auf Sandböden.
Tipp: Passt ideal neben Heidearten aller Art.

Blauer Zwerg-Wacholder
Juniperus squamata 'Blue Star'

Gruppe: Nadelsträucher
Profil: Putziges Nadelkissen, dessen kleine

Das Besondere am Gelbbunten Efeu sind die Blätter, in deren Mitte ein gelbgoldenes Herz schlägt.

Nadelsterne in der Farbe des Nachthimmels auch in beengten Gartenwinkeln blitzen.
Wuchsform: dichtbuschig
Nadeln: bläulich, bis 2 cm
Weitere Verwendung: Heidegarten, Steingarten, Grabstellen, Dachgarten, Kübelgehölz, Minigärten, Zwerg-Wacholder gedeiht auch auf Sandböden.
Tipp: Hübsch neben Beetrosen und besonders Wildstauden.

Gold-Liguster

Ligustrum ovalifolium 'Aureum'

  60–100   6–7

Gruppe: Immergrüne Laubgehölze
Profil: Goldgräberstimmung garantiert: Das kostbare Laubgehölz wächst rasant und sorgt für eine private Goldader im Garten.
Wuchsform: buschig
Blüte: weiß, Rispe
Duft: angenehm, intensiv
Frucht: schwarzblau, schwach giftig
Laub: gelbbunt, oval, bis 7 cm
Weitere Verwendung: Vogelschutzgehölz, wächst sehr schnell.
Tipp: Leuchtendes Blattgold nur bei sonnigem Standort.

Die Blätter des Goldligusters leuchten das ganze Jahr hindurch im Garten.

Buntlaubige Fasanenspiere

Physocarpus opulifolius-Sorten

–   60–100   6–7

Gruppe: Laubsträucher
Profil: Gelb- oder rotlaubige Animateure in farbenfrohen, kontrastreichen Gehölzarrangements. Goldmarie und Hitzkopf mit bester Standorttoleranz.
Wuchsform: buschig aufrecht
Blüte: weißrosa, Doldentraube
Frucht: rötlich
Laub: je nach Sorte gelb ('Dart's Gold') oder rot ('Diabolo'), dreiteilig gelappt, bis 10 cm
Weitere Verwendung: Vogelschutzgehölz, Vogelnährgehölz, Teichrand, vertragen vollschattige Standorte und Sandböden.
Tipp: Verkannte Buntlauber, die Sie durch vermehrtes Anpflanzen in Ihrem Garten aus der Anonymität reißen können.

Kleine Blau-Fichte

Picea pungens 'Glauca Globosa'

–   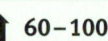 60–100   –

Gruppe: Nadelsträucher
Profil: Blauer Spielball, der neben Rosen oder Polsterstauden zu großer Form aufläuft.
Wuchsform: kegelförmig
Nadeln: bläulich, bis 2 cm, spitz
Weitere Verwendung: Heidegarten, Stein-

Die Kleine Blau-Fichte ist ein blauer Minibaum, der neben Rosen oder Polsterstauden bestens in Szene gesetzt werden kann.

Weitere buntlaubige Gehölze

garten, Grabstellen, Dachgarten, Kübel-gehölz, Vogelschutzgehölz.

Tipp: Bei ausreichender Bodenfeuchte gut hitzeverträglich.

Mein Rat

Nicht nur das Laub, sondern auch die Rinde ist bei bestimmten Gehölzen eine attraktive Zierde. Mit ihrem auffälligen Rindenschmuck überzeugen beispiels-weise der rotrindige Hartriegel (*Cornus alba* in Sorten), Schlangenhaut- und Zimt-Ahorne. Als Unterpflanzung passen dazu winterblühende Stauden und Blumenzwie-beln wie Christrosen, Schneeglöckchen, Winterlinge, Vorfrühlingsalpenveilchen. Bei der Standortwahl sollten Sie Plätze be-vorzugen, die während frostiger Winter-tage bequem vom Fenster aus einsehbar sind. Dann können Sie das Rindenschau-spiel von der guten Stube aus genießen. Gehölze mit bizarren Triebformen begeis-tern im Garten und in der Vase insbeson-dere während der tristen Gartenmonate viele Gartenfreunde durch ihre skurrilen Wuchsformen. Gehölze mit besonderen Merkmalen wie z. B. Korkleisten sind ebenfalls ein stimulierendes Gemüts-elixier gegen wintergraue Tristesse. Pieksende Rindenauswüchse wie Dornen und Stacheln schützen Vögel und Klein-säuger vor ihren natürlichen Feinden. Mit Raureif überzogen, erfreuen alle diese Gehölze als winterliche Kunstwerke der Extraklasse.

Die zehn besten Schattengehölze

Vielleicht ist Ihnen bei einem Waldspaziergang schon einmal aufgefallen, was so alles am lichtschattigen Waldesrand wächst und gedeiht. Es gibt eine ganze Reihe von Spezialisten unter den edlen Gartengehölzen, die sich die Fähigkeit ihrer wilden Urahnen, mit Lichtarmut zurechtzukommen, bewahrt haben. Sie dienen uns heute in dunklen Gartenwinkeln oder auf absonnigen Grabstellen als willkommene Grünspender.

Lichtarmut ist aber keinesfalls mit absolut finsteren Bereichen gleichzusetzen. Kein Gehölz kommt ganz ohne Licht aus, auch ausgesprochene Schattenakrobaten versagen im Vollschatten. Zumindest Streulicht muss auch ihnen zugebilligt werden.

Schattentolerante Stauden sind Astilben, Bergenien, Lungenkraut, Elfenblume, Hosta und viele Frühlingsblüher.

Schattengehölze können, was anderen Pflanzen versagt bleibt, auf von Wurzeln durchzogenen Böden mit wenig Licht grünen und erblühen. Eine wichtige Rolle spielt dabei die Bodenfeuchte.

Trocken und schattig, das ist selbst für die hartgesottenste Schattenpflanze auf Dauer nicht zu ertragen. Wer kahle Stellen unter dichten Baumkronen begrünen will, kommt

Lichtarme Standorte lassen sich sehr gut bepflanzen, wenn für eine ausreichende Bodenfeuchte gesorgt ist. Mögliche Schattenpflanzen sind dann Rhododendron und Farne.

um eine zusätzliche Bewässerung nicht herum. Glücklicherweise bietet der Fachhandel heute viele intelligente Bewässerungslösungen an, die wassersparend und leicht zu bedienen sind.

Gelbbunte Aukube
Aucuba japonica 'Variegata'

Gruppe: Immergrüne Laubgehölze
Profil: Langlebiger Schattenaufheller, der auch als Kübelpflanze Glanzlichter in absonnigen Terrassenlagen setzt. Das Laub ist gelbgrün gesprenkelt, jedes Blatt ist ein Unikat.
Wuchsform: breitbuschig
Frucht: rot
Laub: gelbbunt, oval, bis 20 cm
Weitere Verwendung: Wintergarten.
Tipp: Geschützter Gartenstandort. Als Kübelgehölz frostfrei überwintern.

Die Gelbbunte Aukube gefällt als fruchtstarker Schattenaufheller. Das Laub ist gelbgrün gesprenkelt, kein Blatt gleicht dem anderen.

Hoher Buchsbaum
Buxus sempervirens var. *arborescens*

Gruppe: Immergrüne Laubgehölze
Profil: Grüner Werkstoff für lebende Figuren und Skulpturen.
Wuchsform: buschig
Blüte: unscheinbar

Laub: eiförmig, bis 2 cm, giftig
Weitere Verwendung: Bauerngarten, Heidegarten, Hecke (Schnitthöhe 80 bis 120 cm), Kübelgehölz, Formgehölz, Bienenweide.
Tipp: Nicht nach dem 1. August schneiden, da die Neutriebe ohne eine ausreichende Holzreife im folgenden Winter leicht Frostschäden erleiden.

Prachtglocken sind herrliche Gartensträucher mit maiglöckchenartigen Blüten im Wonnemonat.

Prachtglocke
Enkianthus campanulatus

◐ – ● ⬆ 100–150 ✿ 5–6 🪣

Gruppe: Laubsträucher
Profil: Verkannter Prachtstrauch mit maiglöckchenartigen Blüten und spektakulärer Herbstfärbung.
Wuchsform: aufrecht
Blüte: gelblichrosa, Trugdolde
Laub: oval, bis 7 cm, Herbstfärbung gelbrot
Weitere Verwendung: Heidegarten, Japangarten, Schnittgehölz.
Tipp: Bodenansprüche wie Rhododendron. Nicht im Wurzelbereich graben.

Rote Teppichbeere
Gaultheria procumbens

◐ – ● ⬆ 10 ✿ 7–8 🪣

Gruppe: Immergrüne Laubgehölze
Profil: Beerenstarker Dauerbegrüner absonniger Gartenflächen.
Wuchsform: polsterförmig, mattenbildend
Blüte: weißrosa
Frucht: rot, essbar, ungewohntes Aroma
Laub: rötlich, bis 3 cm, Winterlaub teils violett
Weitere Verwendung: Heidegarten, Steingarten, Grabstellen, Teichrand, Minigärten, Bodendecker, Bienenweide.
Tipp: Attraktive Partnerin des bodendeckenden Teppich-Hartriegels (siehe Seite 50).

Strauch-Efeu
Hedera helix 'Arborescens'

◐ – ● ⬆ 60–100 ✿ 9–10

Gruppe: Immergrüne Laubgehölze
Profil: Strauchvariante des bekannten Wandbegrüners.
Wuchsform: buschig
Blüte: grüngelb, Dolde
Duft: streng
Frucht: schwarzblau, giftig
Laub: herzförmig, bis 10 cm
Weitere Verwendung: Heidegarten, Bauerngarten, Dachgarten, Teichrand, Hecke

Der Strauch-Efeu wächst strauchartig und klettert kaum. Die Fruchtstände sind schwarzblau gefärbt.

(Schnitthöhe 50 bis 80 cm), Fruchttriebe für Schnitt, Efeu ist eine gute Bienenweide.
Tipp: Laub- und Fruchtschmucklieferant für alle Floristikfans.

Fruchtende Gartenhülse, Stechpalme
Ilex aquifolium 'J. van Tol'

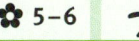 ☀ – ● ↑ 150–200 ✿ 5–6 ✂

Gruppe: Immergrüne Laubgehölze
Profil: Fruchtiger Ilex, dessen wie lackiert wirkendes Laub selbst im tiefsten Schatten glänzt.
Wuchsform: breit ausladend
Blüte: weiß
Frucht: hellrot, giftig
Laub: eiförmig, kaum dornig, bis 8 cm

Weitere Verwendung: Heidegarten, Vogelschutzgehölz, Vogelnährgehölz, Bienenweide, Schnittgehölz, Formgehölz, Hecke (Schnitthöhe 100 bis 250 cm).
Tipp: Erst im Frühjahr schneiden.

Gelber Berg-Ilex
Ilex crenata 'Golden Gem'

☀ – ● ↑ 20–40 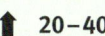 ✿ –   🏺

Gruppe: Immergrüne Laubgehölze
Profil: Niedlicher Laubstrauch mit buchsähnlichem Laub. Das gelbe Laub changiert im Laufe des Sommers von gelb zu grün.

Die Fruchtende Gartenhülse zeichnet sich durch fast dornenlose Blätter und gute Frosthärte aus.

Wuchsform: breit ausladend
Laub: gelb, oval, bis 2 cm
Weitere Verwendung: Heidegarten, Japangarten, Grabstellen, Minigärten.
Tipp: Junge Pflanzen im Winter mit Laubschicht schützen.

Niedrige Mahonie

Mahonia aquifolium 'Apollo'

Gruppe: Immergrüne Laubgehölze
Profil: Standorttoleranter Flächenbegrüner

mit gelben Osterblüten und herbstlichem Fruchtschmuck.
Wuchsform: buschig
Blüte: gelb, Traube
Frucht: schwarz, blau bereift
Laub: gefiedert, über 8 cm, Winterlaub teils bronzefarben
Weitere Verwendung: Heidegarten, Steingarten, Dachgarten, Grabstellen, Hecke (Schnitthöhe 40 bis 50 cm), Wildobst, Vogelnährgehölz, Bienenweide.
Tipp: Extremer Tiefwurzler, der selbst unter Birken gedeiht.
Auch der Tropfenfall großer Laubbäume kann den immergrünen Edelsträuchern in aller Regel nichts anhaben.

Die Niedrige Mahonie überzeugt mit ungewöhnlicher Standorttoleranz. Zur Osterzeit verzaubert der sattgelbe Blütenrausch sonnige wie vollschattige Gartenwinkel.

Blüten-Skimmie
Skimmia japonica 'Rubella'

 ◐ – ◑   ↑ 20–40   ✿ 4–5   ✿

Gruppe: Immergrüne Laubgehölze
Profil: Herrliche Blüten in Porzellanrosa, die für farbenfrohe Schattenspiele sorgen.
Wuchsform: buschig, rundlich
Blüte: weißrosa, Rispe
Duft: angenehm
Frucht: keine, da männliche Form
Laub: oval, glänzend, bis 15 cm
Weitere Verwendung: Heidegarten, Grabstellen, Minigärten, Schnittgehölz.
Tipp: Geschützter Standort.

Fruchtende Becher-Eibe
Taxus media 'Hicksii'

 ☀ – ● ↑ 100–150 ✿ –

Gruppe: Nadelsträucher
Profil: Säulenvariante der Eibe, die reich mit roten Beeren behängt ist.
Wuchsform: breit säulenförmig
Frucht: rot, sehr zahlreich, Same zerkaut giftig
Nadeln: bis 3 cm, giftig
Weitere Verwendung: Heidegarten, Steingarten, lockere Hecke (80 bis 150 cm), Vogelschutzgehölz, Vogelnährgehölz.
Tipp: Als Schnitthecke nur bedingt geeignet, da bei regelmäßigem Schnitt der Fruchtbehang deutlich abnimmt.

Mein Rat

Junge, im Garten ausgepflanzte Immergrüne sind für eine schützende Reisigauflage als Windschutz vor bitterkalten Winden dankbar – vor allem in den ersten Gartenjahren. Viel gefährlicher als niedrige Temperaturen ist Wintertrockenheit. Dies gilt vor allem für Immergrüne in Kübeln. Wässern Sie die immergrünen Preziosen bei frostfreier Witterung immer wieder.

Weitere Schattengehölze

Die zehn besten Bodendeckergehölze

Bodendeckende Gehölze sind grüne Teppiche der Natur, die ihre dichten Laubmatten auf Böden, Grabstellen, Hängen oder Böschungen ausrollen. Sie halten den Boden feucht, schützen den Bodenhumus, fördern das Bodenleben und unterdrücken durch ihre dichte Laubstellung den Unkrautwuchs. Bodendecker mit immergrüner Belaubung gedeihen auch in absonnigen Gartenbereichen. Blütenreiche Flächenrosen und Polstergehölze sind sonnenliebende, farbspendende Pflanzenteppiche, deren bunte Blütenmeere sich wie Lavaströme über Steine, Mauern und Treppen ergießen.
Es gibt eine unglaublich große Auswahl an bodendeckenden Gehölzen aller Art. Die besten und bewährtesten werden hier vorgestellt.

Aber nicht nur Gehölze, auch Stauden mit bodendeckendem Wuchs sorgen für flächige Farbeffekte ab dem Frühling. So genannte Polsterstauden wie Blaukissen *(Aubrieta-Sorten)*, Moos-Steinbrech *(Saxifraga arendsii-Sorten)*, Schleifenblume *(Iberis sempervirens)*, Frühlings-Adonisröschen *(Adonis vernalis)*, Steinkraut *(Alyssum)* und China-Mannsschild *(Androsace sarmentosa)* sind extrem genügsame Flächenarbeiter für sonnige Lagen. Kaukasus-Vergissmeinnicht *(Brunnera macrophylla)*, Frühlings-Gedenkemein *(Omphalodes verna)* und Teppich-Primeln *(Primula pruhoniciana)* lieben absonnige Standorte etwa unter lichtkronigen Bäumen und locker wachsenden Ziersträuchern.
Vor dem Pflanzen von Bodendeckern sollten Sie die Pflanzfläche akribisch von allen Wurzelunkräutern befreien. Das spätere Entfernen von Winden und Quecken in dichten Flächenmatten ist eine unendliche Geschichte ohne Happy End.

Der weiß blühende Teppich-Hartriegel ist ein rotfrüchtiger Flächenstrauch, der auch im vollen Schatten kahle Bodenstellen begrünt.

Teppich-Hartriegel
Cornus canadensis

☀ – ● 　 ⬆ 10–20 　 ❀ 6 　 🪣

Gruppe: Laubsträucher
Profil: Bodendeckender Schattenkünstler, ausgestattet mit: 1. attraktivem Laub, 2. weißer Juniblüte und 3. Herbstbeeren.

Standort: sonig bis schattig
Wuchsform: polsterförmig
Blüte: rahmweiß
Frucht: rot, zu mehreren
Laub: oval, bis 5 cm
Weitere Verwendung: Heidegarten, Grabstellen, für vollschattige Bereiche.
Tipp: Ideales, wurzelschützendes Vorpflanzungsgehölz für flachwurzelnde Rhododendren und Immergrüne.

Fruchtende Kriechmispel
Cotoneaster dammeri 'Coral Beauty'

Die Fruchtende Kriechmispel gefällt durch ihre Anspruchslosigkeit. Sie deckt Böschungen und Grabstellen unkrautunterdrückend ab.

Gruppe: Immergrüne Laubgehölze
Profil: Beerenstarker, unverwüstlicher Tausendsassa, der anspruchslos und preiswert kahle Gartenstellen lückenlos abdeckt. Unkrautschreck, besonders ideal für den intelligenten Faulen.
Wuchsform: niederliegend
Blüte: weiß, zahlreich
Frucht: rot
Laub: oval, bis 2 cm, Winterlaub teils in einem schönen gelbrot
Weitere Verwendung: Heidegarten, Steingarten, Grabstellen, Dachgarten, Kübelgehölz, Zierstamm, Fruchttriebe für Schnitt, Formgehölz.
Tipp: Entweder wachsen lassen oder jedes Jahr verjüngen. Idealer Flächenbegrüner, besonders für Hanglagen.

Kriechspindel
Euonymus fortunei-Sorten

Gruppe: Immergrüne Laubgehölze
Profil: Rollen ihre bunten Laubteppiche in jedem Garten aus.
Wuchsform: niederliegend bis aufrecht
Laub: grün, weiß- oder gelbbunt, oval, 2 bis 6 cm
Weitere Verwendung: Heidegarten, Steingarten, Grabstellen, Teichrand, Tröge, Minigärten, auch für vollschattige Bereiche, schöner Zierstamm.

Die Kriechspindel-Sorte 'Emerald 'n' Gold' ist ein buntlaubiger Flächenbegrüner.

Der Kleinblumige Johannisstrauch entzückt monatelang mit gelben Blütenmassen.

Tipp: Kann an tragfähigen Klettergerüsten auch als Wandbegrüner gezogen werden.
Sortenauswahl: (Laubfarbe/Höhe): 'Blondy' (gelbbunt, 60 cm), 'Coloratus' (grün, 40 cm), 'Emerald Gaiety' (weißbunt, 20 cm), 'Emerald 'n' Gold' (gelbbunt, 20 cm), 'Minimus' (grün, 10 cm), 'Sunspot' (gelber Fleck auf grünem Grund, 60 cm), 'Vegetus' (grün, 60 cm).

Kleinblumiger Johannisstrauch
Hypericum 'Hidcote'

Gruppe: Laubsträucher
Profil: Blühende Sommermatten, die bei jährlichem Schnitt absolut bodendeckend

wachsen. Ohne regelmäßigen Meckischnitt im Frühjahr Entwicklung zum Kleinstrauch.
Wuchsform: breitbuschig
Blüte: goldgelb
Laub: wintergrün, oval, bis 5 cm
Weitere Verwendung: Heidegarten, Dachgarten, Tröge, gedeiht auch in vollschattigen Bereichen, Bienenweide.
Tipp: Sollte jedes Frühjahr rasengleich abgemäht werden.

Kriech-Wacholder
Juniperus communis 'Repanda'

Gruppe: Nadelsträucher
Profil: Horizontale Variante des Heide-

Wacholders. Ideales Nadelpolster besonders für Steingärten.
Standort: sonnig
Wuchsform: polsterförmig, niederliegend
Nadeln: bis 1 cm, spitz
Weitere Verwendung: Heidegarten, Steingarten, Grabstellen, Dachgarten, Kübelgehölz, Tröge, Minigärten, gedeiht auch problemlos auf Sandböden.
Tipp: Kann auch meterlang über Mauern überhängen.

Blauer Teppich-Wacholder

Juniperus horizontalis 'Wiltonii'

  10

Gruppe: Nadelsträucher
Profil: Blauer »Woll«teppich, der sich in trockensten Gartenecken breit macht, solange das Lichtangebot ausreichend ist. Auch lebender Vorleger für Säulengehölze.
Wuchsform: niederliegend
Nadeln: bläulich, schuppenförmig
Weitere Verwendung: Heidegarten, Steingarten, gedeiht auch auf Sandböden, Dachgarten, Grabstellen, Tröge, Minigärten, auch als Zierstamm angeboten.
Tipp: Kann auch meterlang über Mauern überhängen.

Niedriges Schattengrün

Pachysandra terminalis 'Green Carpet'®

 10–20 4–5

Gruppe: Immergrüne Laubgehölze
Profil: Umweltfreundlicher Laubsauger, der als glänzendes Blattparkett bis in schattige Bereiche verlegt werden kann.
Wuchsform: mattenbildend
Blüte: weiß, Ähre
Laub: eiförmig, bis 6 cm
Weitere Verwendung: Grabstellen, Tröge, Minigärten, Bindegrün, gedeiht auch im Vollschatten.
Tipp: Im Frühjahr mit Heckenschere oder Hand-Rasenmäher kurz scheren. Der beliebte Laubschlucker passt sich jeder Kahlstelle exakt an und breitet sich mit den Jahren teppichartig aus.

Ein bewährter Bodendecker für absonnige Lagen ist das Niedrige Schattengrün.

Flächenrosen

Rosa-Sorten

  10–15 6–9

Gruppe: Rosen
Die »Königin der Blumen« in der ungewohnten Rolle als Flächenschwerarbeiter mit sommerlanger Blühgarantie.

Frucht: je nach Sorte weiß bis rosarot
Laub: eiförmig, bis 4 cm
Weitere Verwendung: Vogelschutzgehölz, Bienenweide, Schnittgehölz, lockere Hecke (bis 60 cm), Tröge, gedeiht auch in vollschattigen Bereichen.
Tipp: Ein Frühjahrsschnitt sorgt für reichlich Herbstfrüchte.
Sortenauswahl (Frucht): 'Amethyst' (lila), 'Magic Berry' (rosarot).

Perlenbeere

Symphoricarpos doorenbosii-Sorten

 60–100 6–8

Gruppe: Laubsträucher
Profil: Kein Bodendecker schmückt sich mit mehr Fruchtperlen in vollschattigen Lagen.
Standort: sonnig bis schattig
Wuchsform: rundlich
Blüte: weißrosa, Traube

Weitere Bodendeckergehölze

Tafel-Eibe

Taxus baccata 'Repandens'

☼ – ● ⬆ 10–20 ✿ –

Gruppe: Nadelsträucher
Profil: Kein bodendeckendes Gehölz im grünen Nadelstreif ist schnitt- und schattentoleranter als die Tafel-Eibe.
Wuchsform: niederliegend
Frucht: rot, vereinzelt, Same zerkaut giftig
Nadeln: bis 2 cm, giftig
Weitere Verwendung: Heidegarten, Steingarten, Grabstellen, Dachgarten, Tröge, Minigärten, gedeiht auch in vollschattigen Bereichen.
Tipp: Zusammen mit Callunen und Eriken (Seite 68 bzw. 69 ein Heide(n)spaß. Rückschnitte alter Pflanzen bis in verholzte Astbereiche werden von diesem edlen Nadelgehölz mühelos ertragen. Schützen Sie aber derart radikal zurück geschnittene Pflanzen einige Wochen vor direkter Sonne. Eiben, die häufiger geschnitten werden, brauchen ausreichend viele Nährstoffe.

Die zehn besten Duftgehölze

Natur kennt keinen Luxus. Und so sind die Düfte der Gehölze, die uns mit ihren herrlichen Aromen erfreuen, ursprünglich als indirektes Abwehrmittel »entwickelt« worden. Pflanzen können nicht weglaufen. Wenn sich Schädlinge an ihnen laben, hilft mitunter nur der Einsatz einer Nützlingsfeuerwehr. Die Duftstoffe in Blättern und Rinden dienen dabei den Pflanzen als Lockstoffe für die natürlichen Feinde der Gehölzschädlinge, die daraufhin sofort zur Hilfe eilen. Duftende Blüten dagegen locken Bienen, Hummeln, Schmetterlinge oder Käfer an, die als Bestäubungs-Helfer dienen.

Düfte lassen sich nur schwer beschreiben. Das hängt einerseits mit unserem eingeschränkten Duftvokabular, andererseits mit der schwankenden Duftintensität zusammen. Je nach Standort und Tageszeit verändert sich das Dufterlebnis, können Duftprisen mehr oder weniger intensiv ausfallen. Besonders intensiv riecht man in den Morgen- und Abendstunden. Während der mittäglichen Hundshitze lässt das Dufterlebnis jedoch deutlich nach.

Das Duftgehölz Nummer eins ist die Rose. Die Königin der Pflanzendüfte bietet wie kein zweites Gehölz eine ganze Palette unterschiedlicher Duftnoten.

Duftende Stauden sind Maiglöckchen, Katzenminze, Hosta und Lilien, aber auch Gewürzpflanzen wie Salbei, Rosmarin und Zitronenverbene betören unsere Nase mit ihrem Laub- und Blütenduft.

Schmetterlingssträucher tragen ihren Namen zu Recht: Über weite Entfernungen locken sie Falter in Scharen, angezogen vom Blütenduft. Voraussetzung für die Blütenpracht ist der jährliche Rückschnitt im Frühjahr etwa auf Kniehöhe.

Schmetterlingsstrauch
Buddleja davidii-Sorten

☼	⬆ 200–300	❀ 7–10	✿

Gruppe: Laubsträucher
Profil: Dufter Sonnenanbeter, sommerlicher Treffpunkt der Schmetterlinge.

Typisch für den Niedrigen Federbuschstrauch sind die flaschenbürstenartigen Blütenstände.

Niedriger Federbuschstrauch

Fothergilla gardenii

☀ – ◐　↑ 40–60　✿ 4–5　❀

Gruppe: Laubsträucher
Profil: Duftgehölz für Kenner, dessen Blätter sich im Herbst mit einem unvergesslichen Laubfeuerwerk in gelb und rot verabschieden.
Wuchsform: buschig
Blüte: gelblichweiß, Ähre
Duft: Honigduft
Laub: länglich, bis 6 cm, Herbstfärbung kräftig gelbrot
Weitere Verwendung: Heidegarten, Grabstellen, Minigärten.
Tipp: Tiefes Pflanzen fördert die Bildung neuer Grundtriebe.

Wuchsform: trichterförmig
Blüte: je nach Sorte weiß, rosa, rot, violett, Rispen bis 50 cm
Duft: angenehm, sortenweise eher herbaromatisch
Laub: lanzettlich, bis 20 cm
Weitere Verwendung: Bienenweide, schnell wachsendes Schnittgehölz, Dachgarten.
Tipp: Wurzelbereich junger Pflanzen im Winter mit Laub- oder Reisigdecke schützen. Nicht übertrieben düngen.
Sortenauswahl (Blüte/Duft): 'Black Knight' (violett, leicht), 'Border Beauty' (rotviolett, intensiv), 'Empire Blue' (blau, intensiv), 'Fascination' (rosa, leicht), 'Nanho Blue' (blau, intensiv), 'Nanho Purple' (violett, intensiv), 'Niobe' (rotviolett, leicht), 'Peace' (weiß, leicht), 'Pink Delight' (rosa, intensiv), 'Purple Prince' (violett, intensiv), 'Royal Red' (rotviolett, leicht), 'Summer Beauty' (rosa, intensiv).

Reichblütiger Lavendel

Lavandula angustifolia 'Hidcote Blue'

☀　↑ 40–60　✿ 7–9　

Gruppe: Immergrüne Laubgehölze
Profil: Volkstümlicher Silberschatz, der sommerlang blüht und unsere Nasen mit dem Duft der Provence verwöhnt.
Wuchsform: buschig
Blüte: blauviolett, Scheinähre
Duft: angenehm, aromatisch
Laub: silbrig, linear, bis 4 cm

Der Reichblütige Lavendel sorgt in sonnigen Gärten für ein blaues Wunder.

Weitere Verwendung: Heidegarten, Stein-garten, Bienenweide.
Tipp: Im Winter die Pflanze mit Nadelreisig leicht abdecken.

Feuer-Geißschlinge
Lonicera × heckrottii 'Goldflame'

☼ – ◐   300 – 500   6 – 10   ✿

Gruppe: Klettergehölze
Profil: Enorm rasch wachsender Kletterer, der

auch in den oberen Gartenetagen für reichlich Blütenparfüm sorgt.
Wuchsform: schlingend, Rankhilfe nötig
Blüte: gelbweiß/purpurrot
Duft: angenehm
Laub: breit elliptisch, bis 10 cm
Weitere Verwendung: Vogelschutzgehölz, Bienenweide, Bauerngarten, wächst rasch.
Tipp: Auch im Schatten gedeihend, dann allerdings geringerer Blütenansatz. Auch an-dere Geißschlingen (*Lonicera* in Sorten) sind wüchsige Kletterspezialisten, die von Juni bis September sortenweise orange, gelb oder purpurrot blühen. Sie vertragen jeden Verjün-gungsschnitt.

Die Feuer-Geißschlinge 'Goldflame' ist enorm wüchsig und verströmt reichlich Blütenparfüm.

Gefüllte Stern-Magnolie
Magnolia stellata 'Royal Star'

☼ | ⬆ 100–150 | ✿ 3–4 | ⊽

Gruppe: Laubsträucher
Profil: Edelster Frühjahrsblüher mit reinweißen Blütensternen voller Duft, für kleine Gärten.
Wuchsform: breitbuschig
Blüte: weiß
Duft: angenehm
Laub: eiförmig, bis 10 cm, Herbstfärbung gelb
Weitere Verwendung: Heidegarten, Japangarten, Teichrand, Schnittgehölz, Zierstamm.

Die Gefüllte Stern-Magnolie überzeugt als reinweißer Frühjahrsblüher auch für kleine Gärten.

Tipp: Geschützter Standort mindert die Spätfrostgefahr für die frühe Blüte. Die fragilen Blüten mit Vlies vor Frost schützen.

Weißbunte Duftblüte
Osmanthus heterophyllus 'Variegatus'

☼ – ◑ | ⬆ 60–100 | ✿ 9–10 | ⊽

Gruppe: Immergrüne Laubgehölze
Profil: Verkanntes Duftgehölz mit weißbunten, dem Ilex-Laub ähnlichen Blättern.
Wuchsform: buschig
Blüte: weiß, Büschel
Duft: herrlich
Laub: weißbunt, oval, dornig, bis 5 cm
Weitere Verwendung: Japangarten.
Tipp: Geschützter Standort.

Gefüllter Gartenjasmin
Philadelphus 'Virginal'

☼ – ◑ | ⬆ 150–200 | ✿ 5–7 | ❀

Gruppe: Laubsträucher
Profil: Gefülltblühender Gartenjasmin, der keine Duftwünsche offen lässt.
Wuchsform: aufrecht-buschig
Blüte: weiß, gefüllt, Traube
Duft: angenehm
Laub: länglich, bis 7 cm
Weitere Verwendung: Bauerngarten
Tipp: Boden offen halten.

Lorbeerkirsche
Prunus laurocerasus-Sorten

☀ – ● | ↑ 60–200 | ✿ 5–6 | ✂

Gruppe: Immergrüne Laubgehölze
Profil: Winterharter Lorbeer-Doppelgänger für unsere Breiten.
Wuchsform: buschig, breit
Blüte: weiß, Traube
Duft: angenehm
Frucht: schwarz, Samen giftig
Laub: länglich, glänzend, bis 10 cm
Weitere Verwendung: Bienenweide, Blatttriebe für Schnitt, Formgehölz, Grabstellen, wächst auch im Vollschatten.
Tipp: Geschützter Standort.
Sortenauswahl: 'Otto Luyken' (60 cm, kniehoher Flächenbegrüner), 'Schipkaensis Macrophylla' (200 cm, auch für heckenähnliche grüne Wände), 'Van Nes' (100 cm, auch für heckenähnliche grüne Wände).

Lorbeerkirschen sind ein ausreichend winterfester Lorbeer-Ersatz für unsere Breiten.

Winter-Schneeball
Viburnum × bodnantense 'Dawn'

☀ – ◑ | ↑ 500–700 | ✿ 4 | ⬜

Gruppe: Laubsträucher
Profil: Winterlicher Duftspender mit rosafarbenen Blüten.
Standort: sonnig bis halbschattig
Wuchsform: trichterförmig
Wuchshöhe: 150 bis 200 cm
Blüte: rosa, Rispe
Blütezeit: Dezember bis April
Duft: angenehm, intensiv
Laub: eiförmig, bis 10 cm, Herbstfärbung rot
Weitere Verwendung: Bienenweide, Schnittgehölz, Formgehölz, Kübelgehölz.

Edelrosen
Rosa-Sorten

☀ | ↑ 60–100 | ✿ 6–9 | ✿

Gruppe: Rosen
Die »Königin der Blumen« ist die Königin der Duftgehölze. Diesen Ruf begründen unzählige Duftnuancen und -buketts, insbesondere der Edelrosen. Weitere Informationen zu Rosen finden Sie auf Seite 26.

Mein Rat

Für Floristikfans besonders verlockend ist der Schnitt von duftenden Sträucher- und Rosenblüten. Man schneidet sie am besten in den frühen Morgenstunden. Durch die Beachtung folgender Regeln können Sie das Vasenleben deutlich verlängern: Nach dem Schnitt stellt man die Stiele sofort in einen Eimer, in den man zuvor handwarmes Wasser langsam eingefüllt hat. Die Blüten kommen dann an einen kühlen Platz. Niemals geschnittene Blütenstiele von oben überbrausen!

Weitere Hinweise:

- Stacheln und Blätter am Ende der Stiele entfernen
- mit einem scharfen Messer das Stielende auf einer Länge von 5 cm schräg anschneiden
- nur saubere Vasen verwenden
- gefüllte Vasen nie in die direkte Sonne oder Zugluft stellen
- Wasser täglich wechseln
- Stielenden immer wieder neu anschneiden
- Frischhaltemittel in Tabletten- oder Pulverform ins Wasser geben. Sie wirken desinfizierend und verlängern das Leben der Vasenblumen

Tipp: Ein fensternaher Pflanzplatz ist optimal, um die Winterblüte aus den Wohnräumen heraus zu genießen. Dies könnte beispielsweise eine Pflanzstelle im Vorgarten sein.

Der Winter- bzw. Duft-Schneeball ist sicher einer der schönsten Winterblüher im Garten.

Weitere Duftgehölze

Die zehn besten Gehölze für Bauerngärten

Bauerngärten: Damit verbunden sind nostalgische Blütenträume, die schon seit vielen Jahren die Menschen begeistern und faszinieren. Großmutters einstiger Nutzgarten ist heute ein reines Blütenparadies, in dem Blumen nach Herzenslust gepflückt und erduftet werden dürfen.

Typisch für diese ländlichen Schönheiten ist eine geometrische Wegeführung, die an die exakt gezirkelten Rondelle und Rabatten alter Klostergärten erinnert. Dies ist kein Zufall, waren doch die ersten Bauerngärten durch Gemüse- und Kräuterbeete geprägte Anbauflächen, deren Erzeugnisse dazu dienten, Leib und Seele von Mönchen und Gelehrten zusammen zu halten.

Erst Gehölze geben einem Bauerngarten prägende Fasson. Zierstämmchen werden hier von Buchsbaumbordüren umfasst, Rosen und Fliederbüsche verströmen bis weit ins Jahr ihr liebliches Blütenparfüm.

Goldregen und Rot-Dorne setzen farbige Akzente in den höheren Gartenetagen und feinsäuberlich geschnittene Hecken und Einfassungen sorgen selbst auf engstem Raum für klare Ordnungsprinzipien.

Natürlich kommen nicht nur Gehölze zum Einsatz. Ein Bauerngarten ohne einjährige Blumen wie Jungfer im Grünen, Tagetes, Zinnien und Ringelblumen? Unvorstellbar. Löwenmäulchen und Levkojen nicht zu vergessen, die beide – ein unschätzbarer Pluspunkt – von Schnecken verschont bleiben. In ihrer Blütenpracht stehen langlebige Stauden wie Christrosen, Federnelken, Stockrosen, Akeleien, Gemswurz, Schwertlilien und Monarden den Einjährigen in nichts nach. Eindrucksvolle Zwiebel- und Knollengewächse fürs Bauerngarten-Ambiente sind beispielsweise Kaiserkronen, Dahlien und Lilien. Alle zusammen sorgen für eine sommerliche Blütenpracht, die nicht nur Romantiker ins Schwärmen bringt.

Einfassungs-Buchs
Buxus sempervirens 'Suffruticosa'

Gruppe: Immergrüne Laubgehölze
Profil: Traditioneller Rahmen für Beete und Grabstellen.
Standort: sonnig bis schattig
Wuchsform: buschig
Wuchshöhe: variabel
Laub: eiförmig, bis 2 cm, giftig
Weitere Verwendung: Hecke, Grabstellen, schattige Bereiche, (Schnitthöhe 15 bis zu 40 cm).
Tipp: Verträgt jeden Schnitt, Buchs ist extrem lichttolerant.

Für Einfassungen eignet sich natürlich in erster Linie der Mini-Heckenklassiker Einfassungs-Buchs. Daneben kommen aber auch *Pachysandra*, *Cotoneaster* und *Euonymus fortunei*-Sorten zum Einsatz.

Der Rot-Dorn ist ein blühgewaltiger Kleinbaum,
der beispielsweise in größere Bauerngärten passt.

Rot-Dorn
Crataegus laevigata 'Paul's Scarlet'

☀ – ◑   ⬆ 300–500   ✿ 5–6   ✂

Gruppe: Laubbäume
Profil: Kleinbaum mit gewaltiger Frühlings-
blüte. Kann auch durch regelmäßigen Schnitt
im Frühjahr streng zu Kugeln oder Kegeln for-
miert werden. Derart dressierte Bäume sind
allerdings weniger blühstark.
Wuchsform: Rot-Dorn hat eine rundliche oder
breit ausladende Krone
Blüte: rot, gefüllt
Trieb: Kurzdornen
Laub: gelappt, bis 5 cm
Weitere Verwendung: Vogelschutzgehölz,
Bienenweide, Formgehölz, Hausbaum.
Tipp: Idealer Partner des Goldregens, da
immer zeitgleich blühend.

Bauerngärten und Gärten für die Sinne. Bauern-
Hortensien gehören ohne Frage dazu.

Bauern-Hortensie
Hydrangea macrophylla- und
H. serrata-Sorten

☀ – ◑   ⬆ 100–150   ✿ 6–9

Gruppe: Laubsträucher
Profil: Die fußballgroßen Blütenkugeln ver-
wandeln jeden Garten in einen sommerlichen
Ballsaal. Kaum ein Zierstrauch blüht blauer.
Wuchsform: aufrecht
Blüte: je nach Sorte blau, rosa, rot, lila, weiß,
Blüte ist eine Trugdolde

Laub: elliptisch, bis 15 cm

Weitere Verwendung: Heidegarten, Grabstellen, Teichrand.

Tipp: Die getrockneten Blütenstände sind ein attraktiver Zimmerschmuck im Herbst und Winter. Bauern-Hortensien lieben eine dauerhafte Bodenfeuchte, ähnlich wie Rhododendren. Ihr botanischer Name »Hydrangea« bedeutet sinngemäß übersetzt »Wasserschlürferin«.

Gefüllter Ranunkelstrauch

Kerria japonica 'Pleniflora'

 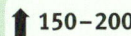 150–200 4–5

Gruppe: Laubsträucher

Profil: Selbst an lichtarmen Gartenstellen mit imposanter Frühlingsblüte aufwartend. Echte Goldgrube für jeden Bauerngarten, preiswerter Schattenfärber, extrem robust und zäh. Ausläufertreibend.

Wuchsform: buschig

Blüte: gelb, nelkenähnlich

Rinde: grün

Laub: oval, bis 7 cm, Herbstfärbung gelb

Weitere Verwendung: Wächst schnell auch in vollschattigen Bereichen. Geeignet für den Dachgarten, Teichrand.

Tipp: Lässt sich durch Abnahme von Ausläufern spielend leicht vermehren.

Der Ranunkelstrauch ist extrem schnell wachsend. Der anspruchslose Zierstrauch bringt es auf einen Zuwachs von bis zu 80 cm pro Jahr.

Edel-Goldregen

Laburnum × watereri 'Vossii'

  300–500 5

Gruppe: Laubbäume

Profil: Bewährter Bauerngarten-Klassiker. Fernwirkung durch die bis zu 50 cm langen Blütentrauben.

Wuchsform: trichterförmige Krone

Blüte: tiefgelb, Traube

Duft: angenehm

Frucht: braun, giftig

Laub: dreiteilig, bis 8 cm, giftig

Weitere Verwendung: Bienenweide, Schnittgehölz, Zierstamm.

Edel-Goldregen – ein Blütenbaum mit bis zu 50 cm langen Blütentrauben,

Tipp: Schattenspender für Rhododendren. Bei Kleinkindern in der Familie giftige Samenstände entfernen.

Strauch-Pfingstrose
Paeonia suffruticosa-Sorten

  ☀ 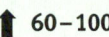 ↑ 60–100   ❀ 5–6   ❀

Gruppe: Laubsträucher
Profil: Primadonna unter den Blütengehölzen, kostbares Highlight für jeden Garten. In Asien als »Rose ohne Stacheln« vergöttert. Zu Unrecht als heikel verschrieen, will nur in Ruhe wachsen, d. h. niemals im Wurzelbereich graben, nicht schneiden.

Die herrliche Blütenpracht der Strauch-Pfingstrose ist einmalig. Wertvoller Kleinstrauch.

Wuchsform: trichterförmig
Blüte: je nach Sorte rosa, rot, violett, weiß
Duft: angenehm
Laub: doppelt gefiedert, über 10 cm
Weitere Verwendung: Japangarten, beliebte Bienenweide.
Tipp: Veredlungsstelle (basale Verdickung) 15 cm tief eingraben, damit die Edelsorten eigene Wurzeln bilden können. Junge Pflanzen durch lockere Reisigauflage im Winter schützen.
Sortenauswahl: 'Beauté de Twickel' (karminrosa), 'Blanche de His' (weißrosa), 'Reine Elisabeth' (rosa), 'Souvenir de Ducher' (violettrot).

Strauchrosen
Rosa-Sorten

☀ ↑ 200–300 ❀ 6–10 ❀

Gruppe: Rosen
Ein Bauerngarten ohne eine gefüllte, duftende Strauchrose ist wie ein Menü ohne Dessert.

Küchen-Holunder
Sambucus nigra 'Haschberg'

☀–● ↑ 200–300 ❀ 6–8 ❀

Gruppe: Laubsträucher
Profil: Massenträger, extrem ertragreiche

Auslese dieses Wildobst-Klassikers. Lockt Vögel in Scharen. Zeigerpflanze für stickstoffreiche Standorte.

Wuchsform: breitbuschig

Blüte: cremeweiß, Schirmrispe

Duft: streng

Frucht: violettschwarz, die allseits bekannten Holunderbeeren

Laub: gefiedert, bis 30 cm

Weitere Verwendung: Wildobst, Vogelschutzgehölz, Vogelnährgehölz, Bienenweide, Teichrand, wächst sehr schnell.

Tipp: Unverwüstliches Stehaufmännchen, das sich gerne an Hausmauern und Gestelle anlehnt. Links und rechts ausreichenden Abstand zu Nachbarpflanzen lassen.

Edel-Flieder
Syringa vulgaris-Sorten

☀   ⬆ 150–200   5

Der Edel-Flieder sollte zur vollen Entfaltung seiner Wirkung entsprechend frei stehen.

Gruppe: Laubsträucher

Profil: Verführerisches Muttertagssymbol mit betörendem Duft. Braucht ausreichend Freiraum zur Entfaltung.

Wuchsform: trichterförmig

Blüte: je nach Sorte rot, weiß, rosa, violett, Rispe

Duft: angenehm, intensiv

Laub: oval, bis 12 cm

Weitere Verwendung: Schnittgehölz, Zierstamm, Kübelgehölz, Teichrand.

Tipp: Radikale Verjüngung bis ins älteste Holz wirkt wie Frischzellenkur. Wildtriebe und Ausläufer ausreißen bzw. mit Ansatzstelle ausschneiden.

Sortenauswahl: 'Andenken an Ludwig Späth' (lilarosa, einfach), 'Charles Joly' (purpurrot, gefüllt), 'Katherine Havemeyer' (lilarosa, gefüllt), 'Madame Lemoine' (weiß, gefüllt), 'Michel Buchner' (lila, gefüllt), 'Primrose' (hellgelb, einfach).

Der Echte Schneeball blüht zeitgleich mit Flieder und Goldregen. Er darf in keinem Bauerngarten fehlen.

Echter Schneeball
Viburnum opulus 'Roseum'

☀ – ◐   ↑ 150 – 200   ✿ 5 – 6   ⬓

Gruppe: Laubsträucher
Profil: Ältester Garten-Schneeball mit riesigen Blütenkugeln und mehr als 400-jähriger Gartenerfahrung. Ein Bauerngarten ohne Schneeball – undenkbar.
Wuchsform: breit ausladend
Blüte: weiß, ballförmiger Blütenstand
Laub: rundlich, gelappt, über 10 cm
Herbstfärbung: rot
Weitere Verwendung: Vogelschutzgehölz, Bienenweide, Schnittgehölz, Teichrand.
Tipp: Der Echte Schneeball kann dem Schnitt-diktat unterworfen werden, wird dann aber blühfaul. Am besten ganz in Ruhe lassen und einfach genießen.

Mein Rat

Ziersträucher wie Forsythien, Spiersträu-cher, Weigelien, Deutzien und Gartenjas-min, die Sie im Herbst gepflanzt haben, sollten im zeitigen Frühjahr kräftig bis auf Kniehöhe zurückgeschnitten werden. Bei schwach wachsenden Arten können Sie sogar zwei Drittel der Triebe entfernen. Bei diesem nachträglichen Pflanzschnitt spielt es keine Rolle, ob wurzelnackte Pflanzen oder Containerware gepflanzt wurde. Der Rückschnitt kostet Sie zwar einen Blütenflor, sorgt aber langfristig für einen kräftigen, vieltriebigen Aufbau der Sträucher.

Weitere Gehölze für Bauerngärten

Die zehn besten Gehölze für Heidegärten

Gärten mit Heideambiente stehen in dem Ruf, eintönig zu sein. Der Grund für die scheinbare Stille großer und kleiner Heidegärten ist leicht erklärt. Die vielen langsam wachsenden Gehölze, die für Heidearrangements typisch sind, sorgen für immergrüne Standbilder, die natürlich nicht mit den Blütenexplosionen von Stauden- und Rosenrabatten mithalten können, aber ihren eigenen Reiz haben.

Heide ist ein permantes Farbschauspiel, das sich sein Blütenpulver gut einteilt, um nicht elf von zwölf Monaten im Jahr farblos dazustehen. Von den vielen Eriken- und Callunen-Arten und -Sorten blüht zu jeder Jahreszeit die eine oder andere.

Heidegärten können das ganze Jahr über gepflanzt werden. Die Hauptpflanzzeiten liegen jedoch im September bis November und im zeitigen Frühjahr, wenn die vielen Heidesorten ihre Blüte zeigen.

Sensationelle Heide-New-Comer sind die Calluna-**Knospenblüher,** deren Blüten dank eines speziellen Tricks der Natur nicht verwelken und von September bis März – je nach Sorte – im Garten und in Kästen für ein ununterbrochenes Farbenspiel sorgen. Heide liebt saure Bodenverhältnisse, die mit den Ansprüchen der Rhododendren vergleichbar sind. Kalktoleranter sind Eriken. Wichtig ist für jede Heidepflanzung ein Standort mit gutem Wasserabzug und viel Sonne.

Heidegärten sind abwechslungsreich und extrem pflegeleicht. Kombinieren Sie typische Heideelemente mit Gräsern und passenden Stauden, so sind Ihnen kontrast- und strukturreiche Gartenbilder sicher. Für schöne Gestaltungen und Kombinationen sorgen beispielsweise Bärenfellgras *(Festuca gautieri)*, Blau-Schwingel *(Festuca glauca)* Lampenputzergras *(Pennisetum alopecuroides* 'Hameln'*)*, Rutenhirse *(Panicum virgatum* 'Rehbraun'*)*, Gelbbuntes Pfeifengras *(Molinia caerulea* 'Variegata'*)* und Weißbunte Vogelfuß-Segge *(Carex ornithopoda* 'Variegata'*)*.

Fächer-Ahorn
Acer palmatum-Sorten

☼ – ◑   ↑ 100–300   ✿ –   🪣

Gruppe: Laubsträucher
Profil: Japanische Gartenperlen, die selbst in beengten Heidegarten-Pflanzungen mit ihrem zerbrechlich wirkenden Laubwerk Noblesse verbreiten.
Wuchsform: trichterförmig, aufrecht, viele Sorten auch betont überhängend
Laub: grün oder rot, gelappt bzw. geschlitzt, bis 10 cm
Weitere Verwendung: Steingarten, Japangarten, Teichrand, Grabstellen.
Tipp: Mulchen oder eine Unterpflanzung mit wuchszahmen Stauden und Bodendeckern schützt die oberflächennah wachsenden Wurzeln vor Erwärmung.
Sortenauswahl (Laub/Höhe): 'Atropurpureum'

(rot, bis 300 cm), 'Bloodgood' (schwarzrot, bis 200 cm), 'Dissectum' (grün, Herbstlaub gelborange, bis 100 cm), 'Dissectum Garnet' (rot, bis 100 cm), 'Osakazuki' (grün, Herbstlaub rot, bis 150 cm).

Echte Hängebirke
Betula pendula 'Youngii'

Gruppe: Laubbäume
Profil: Überhängend wachsender Zwergabkömmling der gewaltigen Mai-Birke. Durch seinen beschwingten Äste-Paravent schirmt er Blicke von außen ins private Heideparadies

Der malerisch wachsende Laubvorhang der Echten Hänge-Birke hält neugierige Blicke fern.

ab. Das leise Rascheln der herabhängenden Triebe im Wind passt gut zur ruhigen Heidegarten-Atmosphäre.
Wuchsform: Kronentriebe herabhängend
Laub: herzförmig, bis 5 cm, Herbstfärbung kräftig gelb
Weitere Verwendung: Teichrand, Kübelgehölz, Friedhof, Zierstamm, die Hängebirke ist auch für Sandböden geeignet.
Tipp: Schnitt unüblich, verunstaltet die natürliche Beschwingtheit.

Sommer-Heide
Calluna vulgaris-Sorten

Gruppe: Immergrüne Laubgehölze
Profil: Polster bildendes Heidekraut, wie wir es in seiner Urform von den natürlichen Heidelandschaften kennen.
Wuchsform: polsterförmig
Blüte: je nach Sorte violettrot, rosa, weiß
Laub: schuppenförmig, bis 1 cm
Weitere Verwendung: Bodendecker, Bienenweide, Schnittgehölz, Grabstellen, Tröge, Minigärten, gedeiht auch auf Sandböden.
Tipp: Fragen Sie nach den neuen Knospenblüher-Sorten, die bis zum März (!) blühen. Niemals absonnig pflanzen, empfindlich gegenüber Mineraldünger.
Sortenauswahl (nur Knospenblüher): 'Alexandra' (rot), 'Alicia' (weiß), 'Amethyst' (rot), 'Anette' (rosa), 'Fritz Kircher' (rosa), 'Melanie' (weiß), 'Sandy' (weiß, gelbes Laub).

Rosenginster
Chamaecytisus purpureus

  40–60   6–7

Die Sommer-Heide wächst Polster bildend. Sie blüht bis zum ersten Frost.

Gruppe: Laubsträucher
Profil: Ein Heidegarten ist unvollkommen ohne die Fülle dieser Blütenkissen. Die feinen Triebe scheinen unter der attraktiven Last in die Knie zu gehen.
Wuchsform: buschig
Blüte: rosarot
Laub: dreiteilig, bis 2 cm
Weitere Verwendung: Bienenweide, Steingarten, Grabstellen, Dachgarten.
Tipp: Vor Wildfraß (Kaninchen) schützen. Nach der Blüte um ein Drittel zurückschneiden.

gehölz, Zierstamm, wächst auch problemlos auf Sandböden.
Rinde: grün
Tipp: Vor Wildfraß (Kaninchen) schützen. Nach der Blüte um ein Drittel zurückschneiden und nachdüngen.
Sortenauswahl: 'Allgold' (goldgelb), 'Boskoop Ruby' (karminrot), 'Burkwoodii' (rot, gelb und rosa), 'Dragonfly' (gelbrot), 'Firefly' (gelbrot), 'Luna' (gelb), 'Hollandia' (rubinrot), 'Roter Favorit' (rot).

Edel-Ginster
Cytisus-Sorten

 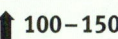 100–150   5–6

Gruppe: Laubsträucher
Profil: Dieses Blütenwunder hätte einen Eintrag ins Guinessbuch der Rekorde verdient. Kein Gehölz liefert schon als »Kleinkind« mehr Blüten. Die vielen grünrindigen Triebe sind auch in der blattlosen Winterzeit ein Heide(n)spaß.
Wuchsform: buschig
Blüte: je nach Sorte rot, gelb, oft mehrfarbig
Laub: dreiteilig, bis 2 cm, giftig
Weitere Verwendung: Bienenweide, Schnitt-

Winterheide, Schneeheide
Erica carnea-Sorten

  20–40   1–4

Gruppe: Immergrüne Laubgehölze
Profil: Heideart mit viel Verständnis für kalkhaltige Böden. Ein klassisches Heidegewächs

Winterheide gehört zu jedem Heideensemble unbedingt dazu.

Winterblühende Zaubernuss – kein anderes Gehölz blüht derart dekorativ bei Schnee und Frost.

mit ungewöhnlicher Winterblüte, das in großer Sortenfülle angeboten wird.

Wuchsform: polsterförmig

Blüte: je nach Sorte rosa, violett, rot, weiß

Laub: nadelförmig, bis 1 cm

Weitere Verwendung: Bienenweide, Bodendecker, Grabstellen, Tröge, Minigärten.

Tipp: Leichter Rückschnitt nach der Blüte fördert die nächstjährige Blütenfülle.

Sortenauswahl: 'Atrorubra' (dunkelrosa), 'Lohses Rubin' (rubinrosa), 'Myretoun Ruby' (rot), 'Snow Queen' (weiß), 'Vivelli' (violettrot), 'Winter Beauty' (rosarot).

Zaubernuss

Hamamelis-Sorten

  150–200   12–3

Gruppe: Laubsträucher

Profil: Kostbarer Winterblüher, ein Muss für edelste Heidegärten. Leuchtende Blütenfarben bilden im Winter schöne Kontraste zu dem weißen Schnee.

Wuchsform: trichterförmig

Blüte: je nach Sorte rot, orange und gelb

Duft: sortenunterschiedlich ausgeprägt

Laub: eiförmig, bis 12 cm, Herbstfärbung gelblich rot

Weitere Verwendung: Japangarten, Kübelgehölz, Schnittgehölz.

Tipp: Sinnvoll ist ein Standort in Fensternähe, damit man sich vom warmen Zimmer aus am Zauber der Blüte erfreuen kann. Blütentriebe können auch für die Vase geschnitten werden.

Sortenauswahl: *H. mollis* (gelb, leichter Duft), 'Feuerzauber' (bronzerot, süßlicher Duft), 'Jelena' (kupferorange, leichter Duft), 'Pallida' (schwefelgelb, starker Duft), 'Westerstede' (primelgelb, Duft).

Irischer Säulen-Wacholder

Juniperus communis 'Hibernica'

Gruppe: Nadelsträucher

Profil: Unübersehbares Heide-Fanal, das auf Grund seines extrem schlanken Wuchses auch in kleinen Heidebeeten ursprünglichen Flair verbreitet.

Wuchsform: säulenförmig

Nadeln: bis 1 cm, spitz

Weitere Verwendung: Vogelschutzgehölz, Steingarten, Grabstellen, Dachgarten, Kübelgehölz, gedeiht auch auf Sandböden.

Tipp: Große Säulen wegen Schneebruch-Gefahr mit Draht umwickeln.

Als passende Begleitpflanzen haben sich beispielsweise niedrige Gräser und weitere Nadelgehölze wie Kiefern bewährt.

Schattenglöckchen

Pieris-Sorten

◐ – ● ↑ 30–100 ✿ 3–5 ✾

Gruppe: Immergrüne Laubgehölze

Profil: Lichttolerante Kleinode mit attraktivem, teils panaschiertem Laub und hübschen Blüten für schattige Heidewinkel.

Wuchsform: buschig, locker

Blüte: je nach Sorte weiß, rosa, rot, Rispe

Duft: sortenunterschiedlich intensiv

Laub: elliptisch, bis 8 cm

Weitere Verwendung: Japangarten, Grabstellen, Schnittgehölz, verträgt auch vollschattige Standorte.

Tipp: Empfindlich gegenüber Mineraldünger, nur organisch düngen.

Irischer Säulen-Wacholder und Heidepolster in vielen Blüten- und Laubfarben prägen die Heide-szenerie. Typisch für diesen Gartenstil ist die ganzjährige Farbenpracht.

Rhododendren und Azaleen

Rhododendron-Sorten

   700   4

Rhododendron und Azaleen sind Heide-Klassiker mit einer unglaublichen Blütenfülle, Farbskala und Wuchsformvielfalt. Die Riesen unter den Rhododendren sind die großblumigen Sorten. Sie wachsen breitbuschig bis halbkugelig. Nach Jahren erreichen sie Wuchshöhen zwischen 150 bis 250 cm. Sie eignen sich für die Einzelstellung, aber auch Heckenwälle lassen sich mit ihnen formen. Ball-Rhododendren *(Rhododendron yakushimanum)* sind – bei ausreichender Bodenfeuchtigkeit – besonders sonnentolerant. Auffallend sind ihr filzig behaartes Laub und die enorme Blühwilligkeit. Sie werden etwa 150 cm hoch. Die Däumlinge unter den immergrünen Blütenpreziosen sind Zwerg-Rhododendren *(Rhododendron impeditum)*. Die klein bleibenden Blütensträucher passen mit ihren blauen Blüten beispielsweise auch auf halbschattig gelegene Gräber.

Die großblumigen Azaleen nehmen innerhalb der Rhododendron-Familie eine besondere Stellung ein, denn die zwischen 100 bis 150 cm hoch werdenden Blütensträucher sind nicht immergrün. Sie werfen im Herbst, meist in leuchtenden, spektakulären Farben, ihr Laub ab. Dazu kommt ein teils intensiver Blütenduft mit einem leuchtenden Orange.

Stehen Kübelpflanzen in einem Untersetzer, ist dieser regelmäßig zu kontrollieren und ggf. zu entleeren.

Weitere Gehölze für Heidegärten

Die zehn besten Klettergehölze

Klettergehölze wollen hoch hinaus. Durch ihren unbändigen Drang nach oben sind Kletterpflanzen die schlanksten Gartenakrobaten, die sich für beengteste Pflanzstellen empfehlen. Sie begrünen Wände, Zäune und Mauern, zieren Spaliere und Obeliske und spannen ihr Blattwerk über Bögen und Lauben. Um bei ihrem vertikalen Aufstieg nicht den Halt zu verlieren, bedienen sich Klettergehölze der unterschiedlichsten Hilfsmittel, die die Natur als genialen Erfinder ausweist. Entweder winden, schlingen und ranken sich die vitalen Klettermaxe an Drähten, Seilen oder Leisten empor, die ihnen ein hilfsbereiter Gärtner zur Verfügung stellt, oder sie finden mittels ihrer Haftscheiben oder Haftwurzeln selbstständig den notwendigen Halt. Beachten Sie hierzu die Hinweise bei den Sortenbeschreibungen.

Flamingo-Strahlengriffel
Actinidia kolomikta

 **200–300** ❀ **5–6**

Gruppe: Klettergehölze
Profil: Freundlicher Klettermaxe mit ungewöhnlich rosabuntem Laub, dessen malerische Zeichnung bei einem sonnigen Standort besonders ausgeprägt ist.
Wuchsform: schlingend, Rankhilfe erforderlich
Blüte: cremeweiß
Duft: leicht

Frucht: weibliche Pflanzen bilden stachelbeerähnliche Beeren, essbar
Laub: weißrosa, eiförmig, bis 15 cm
Weitere Verwendung: Kübelgehölz.
Tipp: Im Schatten ist die Laubzeichnung schwächer ausgeprägt.

Rote Klettertrompete
Campis 'Mme. Galen'

 300–500 ❀ **7–9**

Gruppe: Klettergehölze
Profil: Kraft strotzender Rankstar, der mit seinen signalorangefarbenen Blütentrompeten nicht zu übersehen ist.

Die Rote Klettertrompete ist ein blühstarker Ranker, der vollsonnige Plätze liebt.

Wuchsform: selbstständig kletternd mit Hilfe von Haftwurzeln
Blüte: orange, trompetenförmig
Laub: gefiedert, bis 40 cm
Weitere Verwendung: Zierstamm, wächst in der Regel sehr schnell.
Tipp: Im Schatten eher blühfaul.

Rose und Clematis: Kombinationen mit den Königinnen der Blumen und der Klettergehölze sind ein besonderer Augenschmaus. Blühen beide auch noch zeitgleich, ist die Gartenharmonie in der Vertikalen perfekt.

Waldrebe, Clematis
Clematis – Großblumige Sorten

☼ – ◐   ↑ 200–300   ❀ 6–9   ⬮

Gruppe: Klettergehölze
Profil: Königin unter den Kletterpflanzen, die majestätisch Lauben, Mauern und Gestelle berankt.
Wuchsform: rankend, Rankhilfe erforderlich
Blüte: je nach Sorte rot, weiß, rosa, blau
Blütezeit: Juni bis September
Frucht: dekorative Büschel
Laub: gefiedert, bis 10 cm
Weitere Verwendung: Vogelschutzgehölz, Bienenweide, wächst sehr schnell.
Tipp: Tief pflanzen, Fuß beschatten, unbedingt auf guten Wasserabzug achten.
Sortenauswahl : 'Dr. Ruppel' (hellrosa, Mittelstreifen dunkelrosa), 'Hagley Hybrid' (tiefrosa), 'Huldine' (creme), 'Jackmanii' (blau), 'Kardinal Wyszinski' (purpurrot, roter Mittelstreifen), 'Königskind' (blau), 'Madame Le Coultre' (weiß), 'Rouge Cardinal' (dunkelrot), 'Ville de Lyon' (purpurrot).

Schling-Knöterich
Fallopia aubertii

☼ – ◐   ↑ 500–700   ❀ 8–10   ⬮

Gruppe: Klettergehölze
Profil: Klettergehölz mit dem größten Grünzuwachs innerhalb eines Jahres.

Kein anderes, frosthartes Gartengehölz unserer Breiten bildet in einem Sommer längere Triebe und baut mehr Pflanzenmasse auf als der Schling-Knöterich.

Wuchsform: schlingend, Rankhilfe erforderlich
Blüte: weiß, Rispe
Laub: eiförmig, bis 9 cm
Herbstfärbung: gelb
Weitere Verwendung: Vogelschutzgehölz, Bienenweide, Teichrand, der extrem schnell wachsende Schlinger gedeiht auch problemlos auf Sandböden.
Tipp: Lebendes Schattendach für Car-Ports.

Wuchsform: selbstständig kletternd, Knöterich hat Haftwurzeln
Blüte: unscheinbar
Frucht: blauschwarz, giftig
Laub: oval, gelappt, immergrün, bis 10 cm
Weitere Verwendung: Vogelschutzgehölz, Bienenweide, Bodendecker, Tröge, Grabstellen.
Tipp: Vorsicht bei rissigem Putz, Regenrinnen, gestrichenen Wänden.

Heimischer Efeu
Hedera helix

 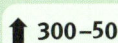 300–500 9–10

Gruppe: Klettergehölze
Profil: Heimischer Kletterkünstler, der kein Schwindelgefühl kennt.

Kletter-Hortensie
Hydrangea anomala subsp. *petiolaris*

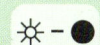 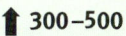 300–500 6–7

Gruppe: Klettergehölze
Profil: Gemächlicher Kletterer für Liebhaber besonderer Gehölze.

Wuchsform: selbstständig kletternd mit Hilfe von Haftwurzeln
Blüte: weiß, Schirmrispe
Duft: süßlich
Laub: eiförmig, bis 10 cm, Herbstfärbung kräftig gelb
Weitere Verwendung: Vogelschutzgehölz, Formgehölz, Bodendecker, Dachgarten, Teichrand, Kübelgehölz, für große Tröge, verträgt auch Vollschatten.
Tipp: Auch als Strauch und Gefäßgehölz eine malerische Augenweide.

Wald-Geißschlinge

Lonicera periclymenum 'Serotina'

 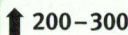

Gruppe: Klettergehölze
Profil: Kletter-New-Comer mit süßem Duft und großer Zukunft.
Wuchsform: schlingend, es ist eine Rankhilfe erforderlich.
Blüte: gelbrot
Duft: angenehm, süßlich
Frucht: rot, schwach giftig
Laub: eiförmig, bis 7 cm, Herbstfärbung gelb
Weitere Verwendung: Vogelschutzgehölz, Vogelnährgehölz, Bienenweide, Bauerngarten, wächst sehr schnell.
Tipp: Windet sich auch sehr gerne um schlanke Rosenbögen.
Eingewachsene Pflanzen nach der Blüte zurückschneiden, dabei ⅓ der alten Triebe beseitigen.

Wilder Wein

Parthenocissus tricuspidata 'Veitchii'

Gruppe: Klettergehölze
Profil: Kletterer mit atemberaubender Herbstfärbung, die ganze Hausfassaden in weithin leuchtendes Feuerrot taucht.
Wuchsform: selbstständig kletternd mit Hilfe von Haftscheiben
Blüte: gelblich grün, Trugdolde
Frucht: blauschwarz
Laub: tief gebuchtet, bis 10 cm, Herbstfärbung orangerot
Weitere Verwendung: Vogelschutzgehölz, Bienenweide, wächst sehr schnell.
Tipp: Vorsicht bei rissigem Putz, Regenrinnen, gestrichenen Wänden.

Der Wilde Wein ist ein spektakulärer, selbstständig rankender Herbstfärber für die Vertikale.

Kletterrosen
Rosa-Sorten

☀   200–300   6–10 ✿

Gruppe: Rosen
Profil: Rosen ohne Höhenangst erobern blütenreich die höheren Gartenregionen.
Standort: sonnig
Wuchsform: langtriebig, Rankhilfe erforderlich
Wuchshöhe: je nach Sorte über 300 cm
Blüte: je nach Sorte rot, gelb, rosa, weiß
Blütezeit: Juni bis Oktober
Laub: grün, bis 14 cm
Weitere Verwendung: Bauerngarten
Tipp: Kletterrosen sind keine selbstständigen Kletterer. Mit Hilfe von Spalieren und Pergolen werden ihre Triebe nach oben geführt.
Sortenauswahl: 'Amadeus®' (rot), 'Bobby James' (weiß, Duft, Rambler, einmalblühend), 'Golden Showers®' (gelb), 'Ilse Krohn Superior®' (cremeweiß, Duft), 'New Dawn' (perlmutt, Duft), 'Rosarium Uetersen®' (rosa, stark gefüllt), 'Super Dorothy®' (rosa, Rambler)

Chinesischer Blauregen, Glyzine
Wisteria sinensis

 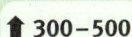 300–500   5–6 ✿

Gruppe: Klettergehölze
Profil: Blaues Kletterwunder mit spektakulärer Mai-Blüte.

Der Chinesische Blauregen ist ein Wandakrobat allererster Güte mit herrlicher Mai-Blüte.

Wuchsform: schlingend, Rankhilfe erforderlich
Blüte: lilablau, bis 30 cm lange Traube
Duft: leicht
Frucht: bohnenartig, unscheinbar, giftig
Trieb: linkswindend
Laub: Blätter sind gefiedert, über 20 cm groß, Herbstfärbung gelb
Weitere Verwendung: Bienenweide, Japangarten, Schnellwachser, Teichrand, der Schnellwachser gedeiht auch auf Sandböden.
Tipp: Würgt sich selbst ab, wenn Hauptstamm nicht kerzengerade – ohne Windungen – gezogen wird.

Die zehn besten frostharten Kübelgehölze

Frostharte Kübelgehölze müssen nicht eingeräumt werden und sorgen auch im Herbst und Winter dafür, dass Ihre Terrasse oder Ihr Balkon nicht verlassen und wintertrist aussehen. Während des Sommers machen sich die mobilen Terrassenträume als Sichtschutz, bewegliche Schattenspender und Willkommensgruß am Hauseingang nützlich. Nadelgehölze sind besonders pflegeleicht und tolerieren am ehesten vergessene Gießgänge.

Kübelformen und -materialien

Als optimale Kübelform für tiefwurzelnde Gehölze hat sich die hohe, lang gezogene Zylin-

Achten Sie beim Pflanzen auf einen guten Wasserabzug für alle Kübelpflanzen.

Ein Wintermantel aus Kokosmatten schützt die empfindlichen Wurzeln vor schockartigen Frösten.

derform erwiesen. Der Fachhandel bietet Ge-
fäße aus verschiedenen Materialien an.
Terrakotta sorgt für eine gute Durchlüftung
der Kübelerde, nachteilig ist der Wasserver-
lust durch die Gefäßwand und die damit ver-
bundene Austrocknungsgefahr. Kübel aus
Kunststoff lassen sich leichter transportieren
und gelten als wassersparend. Jedoch er-
wärmt sich in ihnen die Erde schnell, was Ge-
hölzwurzeln nur kurze Zeit ertragen. Weitere
bewährte Kübelmaterialien sind Holz, Stein-
gut und Keramik.
Die Pflanzerde für Kübelgehölze muss den
Wurzeln ausreichend Luft und Nährstoffe
zur Verfügung stellen. Im gärtnerischen Fachhandel angebotene spezielle Kübelerden
erfüllen diese Bedingungen in der Regel.
Ideale Dünger für sämtliche Kübelgehölze
sind Langzeitdünger.

Pflanzung im Kübel

Wählen Sie ausreichend große Kübel. Je grö-
ßer der Kübel ist, desto weniger Probleme treten später auch bei der Überwinterung auf.
Vor dem Bepflanzen kommt eine kräftige Drai-
nageschicht aus Tonscherben oder Blähton
auf den Kübelboden und wird mit einem was-
serdurchlässigen Vlies abgedeckt. Das Vlies
sorgt dafür, dass eingeschwemmte Erdbe-
standteile den Weg des ablaufenden Wassers
nicht blockieren. Staunässe setzt allen Kübel-
gehölzen in kürzester Zeit übel zu. Wichtig ist
deshalb, die Kübel nach dem Bepflanzen auf
schmale, etwa 1 cm hohe Leisten oder Terra-
kottafüßchen zu stellen. Stehen Kübel in
einem Untersetzer, ist dieser regelmäßig zu

kontrollieren und ggf. zu entleeren. In raueren
Lagen empfiehlt es sich aus Gründen der Vorsicht, für die Überwinterung den Kübel mit
geeigneten Materialien wie Noppenfolie ein-
zupacken. Dieser Schutzmantel sorgt dafür,
dass die Wurzeln nicht schock-
artig ein- und damit erfrieren. Leicht anzule-
gen und zudem hübsch anzusehen ist beispielsweise auch ein Mantel aus Kokosfaser-
matten, der mit Maschendraht verstärkt
wurde. Legen Sie ihn locker um den Kübel.
Bewährt hat sich auch ein Maschendraht, mit
dem ein Käfig um die Kübelwand geformt
wird. Den entstehenden Zwischenraum füllen
Sie mit zerbröseltem oder kleinem Laub auf.
Die oberirdischen Triebe schützen Sie mit
Sackleinen oder Nadelreisig.

Echte Blau-Tanne
Abies procera 'Glauca'

☼ – ◑   ↑ 500–700   ✿ –   ⊟

Gruppe: Nadelbäume
Profil: Mit ihrer bizarren Wuchsform, die Pi-
casso nicht ungewöhnlicher hätte gestalten
können, ist dieses Juwel ein blau funkelnder
Kübelspaß für viele Terrassenjahre.
Wuchsform: kegelförmig, ungleichmäßig
Zapfen: gelbbraun, aufrecht, zahlreich, bis
25 cm groß
Nadeln: bläulich, bis 4 cm
Weitere Verwendung: Hausgärten, Vogel-
schutzgehölz, Vogelnährgehölz, Binderei, Hei-
degarten, Steingarten, Grabstellen.

Der Niedrige Korkflügelstrauch ist ein frosthartes Kübelgehölz, das – wie alle hier vorgestellten Gehölze – im Freien überwintern kann.

Muschelzypresse

Chamaecyparis obtusa 'Nana Gracilis'

  ↑ 40–60   –

Gruppe: Nadelsträucher
Profil: Mit seinen muschelartigen Trieben setzt der Naturbonsai auch in schmalen Kästen und Trögen edle Akzente.
Wuchsform: buschig
Nadeln: schuppenförmig
Weitere Verwendung: Hausgarten, Heidegarten, Steingarten, Japangarten, Grabstellen, Minigärten, gedeiht auch im Vollschatten.
Tipp: Sonne ja, aber in Maßen. Nicht vor weiße, prallsonnige Südwände stellen.

Niedriger Korkflügelstrauch

Euonymus alatus 'Compactus'

 ☀ – ◑   ↑ 60–100   ✿ 5–6

Gruppe: Laubsträucher
Profil: Atemberaubendes Laubfeuer im Herbst, Korkleisten als Winterzierde – die Extras dieses Terrassenkünstlers machen seinen Auftritt zu einer Attraktion.
Standort: sonnig bis halbschattig
Wuchsform: breitbuschig
Wuchshöhe: 60 bis 100 cm
Blüte: grünlich gelb, Traube
Blütezeit: Mai bis Juni
Frucht: rot, giftig, Fruchtansatz jedoch gering
Rinde: Korkleisten
Laub: oval, bis 6 cm, Herbstfärbung rot
Weitere Verwendung: Hausgarten, Heidegarten, Steingarten, Dachgarten, Schnittgehölz, gute Bienenweide.
Tipp: Gefäß nicht zu klein wählen und Wurzeln nicht der prallen Sonne aussetzen.

Fächerblattbaum

Ginkgo biloba

 ☀ – ◑   ↑ 700   ✿ –

Gruppe: »Nadelbäume«
Profil: Unverwüstlicher Goethe-Baum mit fächerartiger, sich im Herbst goldgelb verabschiedender Belaubung.

Wuchsform: schmal bis ausladend, jedoch sehr variabel
Frucht: weibliche Bäume tragen aprikosenähnliche Früchte
»Nadeln«: Laub fächerförmig, blattartig, bis 10 cm, sommergrün, Herbstfärbung gelb
Weitere Verwendung: Hausgarten, auch für den Japangarten.
Tipp: Passt gut zu Stein aller Art.

Perlmuttstrauch
Kolkwitzia amabilis

☀ – ◑   ⬆ 150–200   ❀ 6   🪴

Gruppe: Laubsträucher
Profil: Rosablühendes Bindeglied zwischen Frühjahr und Sommer.
Wuchsform: breitbuschig
Blüte: rosa, Doldentrauben
Laub: eiförmig, bis 7 cm
Weitere Verwendung: Hausgarten, Dachgarten, Vogelschutzgehölz.
Tipp: Anspruchslos – für Terrassen geeignet.

Die Zuckerhut-Fichte ist eine bewährte Zwergform, die vollkommen ohne Schnitt einen zuckerhutartigen Kegel entfaltet.

Zuckerhut-Fichte
Picea glauca 'Conica'

☀ – ◑   ⬆ 60–100   ❀ –   🪴

Gruppe: Nadelsträucher
Profil: Nadeliger Zuckerhut, der den Terrassensommer versüßt.

Wuchsform: schmal-kegelförmig
Nadeln: bis 2 cm
Weitere Verwendung: Hausgarten, Heidegarten, Steingarten, Grabstellen.
Tipp: Bevorzugt luftfeuchte Standorte. Unter Dächern bei Trockenheit bisweilen Probleme mit Roter Spinne.

Panzer-Kiefer

Pinus leucodermis

  500–700 –

Gruppe: Nadelbäume
Profil: Mannshohe Garten-Kiefer der Extraklasse, die auf großen Balkonen und Terrassen Eleganz verbreitet.
Wuchsform: anfangs breit kegelförmig, später Kronenbildung
Zapfen: braun, bis 9 cm
Nadeln: dunkelgrün, steif, bis 9 cm, spitz
Weitere Verwendung: Hausgarten, Heidegarten, Japangarten, Dachgarten, Vogelnährgehölz, verträgt auch Sandböden.
Tipp: Außergewöhnlich trockenheitsresistent, erträgt versäumte Wässerung mit Fassung.

Die Hängende Kätzchen-Weide ist der klassische Frühlingsbote, der mit seinen goldgelben Kätzchen Mensch und Insekt gleichermaßen erfreut.

Hängende Kätzchen-Weide

Salix caprea 'Pendula'

 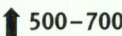 500–700 3–4

Gruppe: Laubsträucher
Profil: Volkstümlicher Frühlingsbote mit goldgelben Kätzchen-Kaskaden.
Wuchsform: überhängend, Zierstämmchen, Kronenhöhe variabel
Blüte: gelb, Kätzchen
Laub: oval, bis 10 cm, Herbstfärbung gelb
Weitere Verwendung: Hausgarten, Bienenweide, Zierstamm, verträgt auch Sandböden.

Tipp: Rückschnitt und Düngung sichert nächstjährigen Kätzchen-Besatz.

Zierlicher Duft-Flieder

Syringa meyeri 'Palibin'

 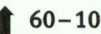 60–100 5–6

Gruppe: Laubsträucher
Profil: Kleinbleibendes Gartenjuwel für »dufte« Terrassen und Balkone.
Wuchsform: breitbuschig

Blüte: violett, Rispe

Duft: angenehm, intensiv

Laub: oval, bis 5 cm

Weitere Verwendung: Hausgarten, Bauerngarten, Schnittgehölz, Zierstamm, Bienenweide, gedeiht auch auf Sandböden.

Tipp: Sehr trockenheitsverträglich.

Smaragd-Lebensbaum

Thuja occidentalis 'Smaragd'

Gruppe: Nadelsträucher

Profil: Schönster Lebensbaum, der sich auch
auf der Terrasse in großen Kästen als Edelhe-
cke und sattgrüner Sichtschutz nutzen lässt.

Wuchsform: säulenförmig

Nadeln: schuppenförmig, dicht angeordnet,
Thuja ist giftig

Weitere Verwendung: Hausgarten, Heidegarten, Steingarten, Teichrand, Hecke (Schnitthöhe 60 bis 250 cm), gedeiht auch in vollschattigen Bereichen.

Tipp: Nicht zu kleine Pflanzware wählen, da
der Smaragd-Lebensbaum nicht so stark wie
Gewöhnliche Thujen wächst.

Mit seiner frischen, auch im Winter glänzend
sattgrünen Nadelfarbe ist das schnittverträg-
liche und robuste Gehölz aber nicht nur für
Hecken eine Empfehlung. Der edle Nadel-
Smaragd setzt sich auch in Einzelstellung
bestens in Szene. Die schattentoleranten
Säulen gedeihen zudem problemlos als frostharte Kübelgehölze.

Weitere frostharte Kübelgehölze

Name	Seite
Maiblumenstrauch	26
Kissen-Spiere	27
Grüne Hecken-Berberitze	28
Schwarzgrüner Liguster	30
Gemeine Eibe	30
Brabant-Lebensbaum	31
Kugel-Ahorn	33
Blaue Igel-Fichte	35
Fingerstrauch	35
Rosabunter Eschen-Ahorn	38
Gelber Strauch-Wacholder	41
Blauer Zwerg-Wacholder	41
Kleine Blau-Fichte	42
Hoher Buchsbaum	45
Rote Teppichbeere	46
Fruchtende Kriechmispel	51
Kriech-Wacholder	52
Blauer Teppich-Wacholder	53
Perlenbeere	54
Tafel-Eibe	54
Winter-Schneeball	59
Edelflieder	65
Echte Hängebirke	68
Sommer-Heide	68
Winterheide/Schneeheide	69
Zaubernuss	70
Irischer Säulen-Wacholder	71
Flamingo-Strahlengriffel	73
Heimischer Efeu	75
Kletter-Hortensie	75

Ziergehölze einkaufen und pflanzen

Jeder Gartenfreund hat Erfolg mit Ziergehölzen, wenn er einige grundlegende Prinzipien beim Einkauf und der Pflanzung beachtet. Wichtige Kriterien sind die Entscheidung für vernünftig kultivierte Gehölze und die gründliche Bodenvorbereitung vor dem Pflanzen.

Wo kann ich Gehölze kaufen?

Die ständig steigende Beliebtheit des Hobbys »Garten« hat zu einer Vielzahl von unterschiedlichen Gehölzanbietern geführt, die alle an der prallgefüllten, grünen Umsatztränke ihren Durst stillen möchten. Die Qualitätsunterschiede zwischen den einzelnen Anbietern haben sich in letzten Jahren verringert, allerdings gibt es in puncto Sortimentstiefe und -breite und Beratungsservice erhebliche Abweichungen. Sowohl Schnäppchenjäger als auch anspruchsvolle Freunde ausgesuchter Spezialitäten finden eine bisher nicht bekannte Angebotsfülle.

Zwei Einkaufswege führen zum Ziel, sprich zum gewünschten Gartengehölz: die Bestellung per Post im Versandhandel und der regionale Einkauf vor Ort.

Postversand

Der Gehölzversand per Post beschränkt sich aus Transportgründen auf wurzelnackte Pflanzen, d. h. die Gehölze werden ohne Erde verschickt. Am häufigsten sind es Rosen, die per Boten ausgeliefert werden. Der Grund dafür ist das riesige Sortenangebot bei der Königin der Blumen, das kein Fachhändler vor Ort auf Lager haben kann. Aber auch Clematis in kleinen Topfballen und Ziersträucher können per Telefon, Fax, Brief oder neuerdings auch über das Internet bestellt werden. Wenn Sie genau wissen, welches Gehölz Sie möchten, ist der Postversand eine lohnende Möglichkeit, die

Ihnen zudem bei der Suche nach ausgefallenen Sorten lange Reisewege erspart. Wer sich für Neuheiten interessiert, kann ebenfalls diesen Weg nutzen. Dann heißt es allerdings, frühzeitig zu ordern, damit entsprechende Reservierungen möglich sind.

Der größte Nachteil liegt beim Postversand in der starken Einschränkung der möglichen Pflanzzeiten. Wurzelnackte Gehölze sollten nur während ihrer Ruhephase, also zwischen November und März, gepflanzt werden. Kommen mit der Post versandte Pflanzen zu einem ungünstigen Termin beim Empfänger an, etwa bei gefrorenem Boden oder widrigen Witterungsbedingungen, ist ein Pflanzen unmöglich. Sie können dann die ungeöffneten Pflanzenkartons an einem kühlen, aber frostfreien Ort – etwa in einer Garage – problemlos kurze Zeit aufbewahren. Treffen bestellte Gehölze während einer Dauerfrostperiode ein, sollten Sie die Sendung ebenfalls an einem frostfreien Ort langsam auftauen lassen.

Vor-Ort-Einkauf

Das riesige Angebot an Gehölzen aller Art lässt rasch den Überblick verloren gehen. Wenn Sie unsicher sind und nicht nach dem Zufallsprinzip Ihr Gartenparadies gestalten möchten, dann sei Ihnen der Weg zu einer GartenBaumschule, einem GartenCenter oder einem kompetenten Gartenfachgeschäft mit intensivem Beratungsservice ans Herz gelegt.

GartenBaumschulen

In GartenBaumschulen kaufen Sie ein Gehölz da, wo's wächst. Ein Teil der Verkaufsware ist im Betrieb selbst herangezogen und darf als an die Region klimatisch angepasst gelten. Hinzu kommt neben der Sortimentsbreite eine ungewöhnliche Sortimentstiefe, oft werden viele Jahre alte, große Gehölze angeboten. Ein Eldorado für alle ungeduldigen Hobbygärtner, die Pflanzen suchen, die bereits das Erwachsenenalter erreicht haben. Neben dem Pflanzenangebot werden allgemeine Gartenbedarfsartikel wie Dünger, Sämereien, Erden und Töpfe offeriert.

GartenCenter

GartenCenter bieten in der Regel ein Gehölzsortiment in den gängigen Pflanzgrößen, die sich leicht transportieren lassen, an. Fachgerechte Beratung ist selbstverständlich und oft durchaus mit dem Serviceangebot einer Baumschule vergleichbar.

Baumärkte

Baumärkte galten noch bis vor wenigen Jahren als die Billiganbieter auf dem Gehölzmarkt. Alle Qualitätskriterien waren diesem Preisdiktat unterworfen. Das hat sich deutlich gewandelt, das Qualitäts- (in der Folge das Preis-)niveau wurde merklich angehoben. Heute nutzen Filialmärkte oft die gleichen Zukaufsquellen wie die GartenCenter und Baumschulen, die angebotene Ware ist also identisch. Dennoch sind Baumärkte auch weiterhin eine Einkaufsquelle für den Schnäpp-

Gehölze im Container können rund ums Jahr gepflanzt werden.

chenjäger, da saisonal Pflanzen zu einem sehr niedrigen Preis angeboten werden können.

Supermarkt

Immer wieder werden im Supermarkt aufwendig verpackte Ziersträucher und Kleinkoniferen angeboten. Vorsicht bei überständiger Laubware, die bereits seit Wochen in geheizten, sehr warmen Räumen herumgelegen hat und deren Knospen vorzeitig ausgetrieben sind; leicht zu erkennen an hellen, sehr langen Trieben. Vom Kauf solcher Tütensträucher kann nur abgeraten werden.

Wie werden Gehölze angeboten?

Mittlerweile werden Gehölze in so vielfältiger Art und Weise angeboten, dass ein Pflanzen rund um's Jahr möglich ist, insbesondere durch das breite Sortimentsangebot von Gehölzen im Container. Aber auch die klassischen Angebotsformen wie wurzelnackte Gehölze und Ballenware haben nach wie vor ihre Daseinsberechtigung, allerdings mit abnehmender Tendenz.

Wurzelnackte Gehölze

Wurzelnackte Gehölze sind die traditionelle Angebotsform der Baumschulen. Sozusagen frisch vom Feld, befinden sich die Gehölze beim Kauf noch im Winterschlaf. Der Nachteil dieser ursprünglichen, verpackungsfreien Angebotsform ist jedoch die begrenzte Pflanzzeit von November bis März, vorteilhaft ist

Überraschend groß ist heute die Angebotsvielfalt für Gehölze im Container. Neben zahlreichen Sorten kann man zwischen unterschiedlichen Pflanzengrößen wählen.

andererseits, dass Sie die Qualität eines Gehölzes und seiner Wurzel unmittelbar erkennen können.

Containergehölze

Gehölze im Container sind die Newcomer auf dem Gehölzmarkt, den sie in einem wahren Siegeszug in nur wenigen Jahren erobert haben. Kein Wunder, denn erstens kaufen Sie keine Katze im Sack und zweitens können Sie das ganze Jahr über, außer bei Frost, pflanzen. Besonders im Sommer, wenn wurzelnackte Ware nicht mehr pflanzfähig ist, sind Containergehölze die einzige Möglichkeit, seiner Gartenlust bei schönstem Wetter zu frönen. Wegen des höheren Kultur- und Transportaufwandes kosten Containergehölze zwar meist etwas mehr als Pflanzen mit nackter Wurzel, wachsen dafür bei richtiger Pflege aber auch sicher an.

Bäume werden meist mit Drahtballen angeboten, die das Anwachsen erleichtern.

Ballenware

Ballen nennt der Gärtner den Wurzelballen eines Gehölzes, der zum Versand zusammen mit Erdreich in ein Ballentuch und/oder ein Drahtgeflecht (Drahtballierung) eingeschlagen wurde. Der Ballen erleichtert das Anwachsen und schützt die empfindliche Wurzel während der Lagerung vor Sonne und Trockenheit. Bei Nadelgehölzen, Immergrünen, Rhododendren und großen Bäumen ist der Ballen unverzichtbar. Achten Sie beim Kauf auf einen festen, gut durchwurzelten Ballen.

Mein Rat

Wichtig: Während und nach dem Einkauf darf die ungeschützte Pflanzware – vor allem aber die feinen Wurzeln – niemals der Sonne oder Trockenheit ausgesetzt werden. Liegen die Wurzeln auch nur wenige Minuten in der grellen Sonne oder in starkem Zugwind, sind Anwachsmisserfolge vorprogrammiert.

Wie erkenne ich gute Qualität?

Der Fachhandel bietet heute zumeist Qualitätsgehölze an. Der Wettbewerb innerhalb der grünen Branche ist viel zu hart, um sich mit Gehölzramsch langfristig am Markt behaupten zu können. Die wenigsten Gehölze gehen beim Gartenfreund mangels Qualität ein, viel öfter sind es schlechte Standortbedingungen wie verdichtete Böden, die den Gartengehölzen den Garaus machen.

Der **Bund deutscher Baumschulen (BdB)** – der Berufsverband der Baumschulen mit Sitz in Pinneberg bei Hamburg – hat für seine Mitgliedsbetriebe Gütebestimmungen für alle Baumschulpflanzen festgeschrieben, die es erleichtern, äußere Qualität zu erkennen. Selbstverständlich können diese Vorgaben immer nur eine Richtschnur sein, denn Pflanzen lassen sich nicht normen. Die Gütebestimmungen sind Ausdruck einer Idealvorstellung, die aber beim Kauf eine unentbehrliche Hilfestellung zur Unterscheidung von guter und schlechter Ware bieten. Sie können beim Bund deutscher Baumschulen angefordert werden (Adresse siehe Anhang).

Noch komplexer ist die Definition der inneren Qualität eines Gehölzes. Bestimmte äußere Anzeichen lassen jedoch Rückschlüsse auf den inneren Wert eines Gehölzes zu. Maßvoll, umweltgerecht kultivierte Ware, die nicht mit übertriebenen Düngergaben gemästet wurde, zeigt festes Holz und glatte, pralle Triebe. Durch unsachgemäße Behandlung ausgelöste Trockenschäden erkennen Sie häufig an der eingeschrumpelten Rinde von Gehölzen. Lebende Wurzeln sind nach leichtem Ankratzen mit dem Fingernagel innen weiß und nicht glasig-bräunlich.

Drehwurzeln bei Containergehölzen

Hochwertige, ausreichend lange kultivierte Containergehölze erkennen Sie an der feinen Durchwurzelung, die den gesamten Ballen durchzieht. Der Ballen lässt sich als Einheit, ohne auseinander zu fallen, aus seinem Plastiktopf ziehen. Stehen Gehölze aber zu lange in Containern, neigen sie zu verdickten Wurzeldeformationen (Drehwurzeln). Drehwurzeln erschweren den Durchfluss von Nährstoffen, bremsen das Wachstum, mindern die spätere Standsicherheit und führen zu einem frühzeitigen Vergreisen der Pflanze. Gleiches gilt für deformierten Wurzelfilz, der ebenfalls das Anwachsen unmöglich machen kann.

Unsachgemäße Gehölzkultur führt zu Drehwurzeln. Vom Kauf solcher Gehölze ist abzuraten.

Die Wahl des passenden Standorts

Je mehr wir uns bei der Auswahl des Standortes an den Bedürfnissen der Pflanzen orientieren, desto weniger Pflegemaßnahmen werden nötig sein, um Standortmängel auszugleichen. Dies klingt komplexer als es ist, zur intensiven Beschäftigung mit der Botanik einzelner Pflanzen besteht überhaupt kein Anlass. Bei den meisten in diesem Buch vorgestellten Gartengehölzen ist die Standorttoleranz sehr groß, sie wachsen in der Regel auf jedem kultivierten Gartenboden.

Lediglich Rhododendren und einige immergrüne Gehölze sind wählerischer in puncto Flächenangebot. Dennoch lohnt es sich, auf Details bei der Auswahl zu achten. Wer den Licht- und Bodenwünschen seiner Gartenschützlinge entspricht, wird mit Pflegeleichtigkeit und besonders attraktiven Pflanzenerscheinungen belohnt.

Lichtverhältnisse

Auf sonnigen, hellen Standorten finden die Gehölze den wichtigen Blatt- und Blütentreibstoff Licht in großzügigen Mengen. Nur wenige Gartengehölze sind Extremisten, also entweder ausgesprochen schattenliebend oder geradezu hitzesüchtig. Mit einer gezielten Auswahl sind auch im Schatten schöne Gartenbilder möglich. Ideale Partner sind zum Beispiel Japanische Ahorne und Azaleen. Besonders Rhododendron sind Schattengesellen, die sich unter Baumkronen wohl fühlen.

Extremstandorte im Kübel

Die Auswirkungen heißer Lagen lassen sich durch eine entsprechend gesteigerte Bodenfeuchte bis zu einem gewissen Maß ausgleichen. Im Kübel ist dies aber nur bedingt möglich, weshalb Kübelgehölze vor glühend heißen Südwänden und Mauern auf der Terrasse einer extremen Belastung ausgesetzt sind. Umgeben von wärmespeichernden Steinen treffen die Strahlen der Sonne nicht nur die Oberseiten der Pflanzenblätter. Mauern und Fußbodenplatten reflektieren die Strahlung, eine zu hohe Strahlendosis kann dann zu Blattverbrennungen führen.

Nur sorgfältig ausgewählte Pflanzen können an solchen Standorten bestehen.

Fast jeder unverdichtete Gartenboden ist gehölztauglich. Er versorgt alle Pflanzen mit

Mein Rat

Die Hitzeverträglichkeit der Gehölzarten ist verschieden groß, ein guter Indikator ist die Blattgröße. Kleinlaubige, insbesondere grau- und silberlaubige Gehölze sind hitzetoleranter als ihre großblättrigen Kollegen. Gehölze mit gelben bzw. buntlaubigen oder besonders großen Blättern zeigen ihre Empfindlichkeit gegenüber direkter Sonneneinstrahlung ziemlich schnell durch Laubverbrennungen.

Bodenverhältnisse

Nährstoffen und Wasser, dient Gehölzen als Fundament und sorgt mit einer ausgewogenen physikalischen, biologischen und chemischen Struktur für das Gedeihen der Gartenpflanzen. Die überwiegende Mehrzahl der Gartengehölze bevorzugt sandig-lehmigen Boden mit ausreichendem Humusanteil. Abweichungen von diesem Ideal werden meist toleriert, jedoch sind nur sehr wenige Gehölze Bodenspezialisten, die auf reinen Sand-, Ton- oder Humusböden langfristig zurecht kommen. Reine und damit extreme Bodenprofile sind selten, meist bestimmen Boden-Mischformen den grünen »Ankerplatz« für unsere Gehölze.

Spatenprobe

Mit einer Spatenprobe bekommen Sie erste Hinweise auf die Bodenstruktur. Können Sie den Boden problemlos umgraben, verfügen Sie über eine eher leichte, sandige Erde als Pflanzfläche. Beim Umgraben schwerer Böden mit hohen Ton- bzw. Lehmanteilen steht Ihnen rasch der Schweiß auf der Stirn. Das Wissen um das Profil Ihres Bodens hat Auswirkungen auf die weitere Bodenvorbereitung.

Gehölze auf Sandböden

Reine Sandböden mit schlechtem Wasser- und Nährstoffspeicherungsvermögen erfordern einen ungleich höheren Bewässerungs- und Pflegeaufwand. Entweder Sie verbessern aufwändig den Boden durch das Einarbeiten von Humusanteilen oder Sie wählen passende Gehölze für sandige Böden aus. Solche Sandgehölze sind beispielsweise Felsenbirnen, Hecken-Berberitzen, Edel-Gins-ter, Liguster, Fasanenspiere, Wacholder- und Kieferarten.

Mein Rat

Verdichtete Böden müssen vor einer Bepflanzung entsprechend gelockert und aufbereitet werden. Auf ihnen staut sich bei Regen das Wasser, die Wurzeln der Gehölze faulen. Bei Sonne leiden die Gehölze Durst, weil der verdichtete Boden keinen Zugang zu tiefer liegenden, Wasser führenden Schichten ermöglicht und zu »Gartenbeton« verhärtet. Die Gehölze verdursten.

pH-Wert

Der pH-Wert spiegelt die Konzentration der Bodensäure wider. Stark saure, kalkfreie Böden sind durch sehr niedrige pH-Werte um 4 bis 5 gekennzeichnet. Sie bedingen eine besondere Pflanzenauswahl – etwa aus der Gruppe der so genannten Moorbeetpflanzen wie Rhododendron und andere Heidegewächse. Die meisten Gehölze sind jedoch pH-Wert-tolerant. Ihr Optimum liegt im schwach sauren bis schwach alkalischen Bereich mit pH-Werten um 6 bis 7. Schnelltests zur Ermittlung des pH-Wertes geben Ihnen umgehend Auskunft über die Höhe des pH-Wertes Ihres Gartenbodens.

Humus

Humus setzt sich aus organischen Materialien zusammen und kann in Teamwork mit Tonpartikeln wichtige Nährstoffe im Boden binden. Humusreiche Böden sind ausgesprochen bodenaktiv. Humus lässt sich dem Boden durch das Einarbeiten von Gartenkompost vor einer Pflanzung zuführen. Auf humusarmen Böden reagieren viele Gehölze mit nachlassender Blühwilligkeit und eingeschränkter Wuchsvitalität.

Mulchen mit Rindenmulch bzw. eine Bepflanzung des offenen Bodens rund um Gehölze mit kriechenden Bodendeckern schützt den lichtempfindlichen Humus vor direkter Sonneneinstrahlung und bietet zudem eine attraktive Abdeckung von hässlichen Kahlstellen in den Beeten. In der direkten Sonne zerfällt Humus rasch zu leblosem Bodenstaub. Dankbar für einen Sonnenschutz ist auch die Bodenfauna, die sich besonders reichlich bei ausgeglichenen Bodenfeuchtewerten und Bodentemperaturen einstellt.

Kronentraufen

Kronentraufen großer Laubbäume verursachen eine permanente Lichtarmut, die die mögliche

Sauer macht lustig: Rhododendren lieben niedrige pH-Werte. Schnelltests zur Ermittlung des pH-Wertes des Gartenbodens sollten vor einer Pflanzung zu Rate gezogen werden.

Mein Rat

Niedrige pH-Werte, d. h. eine zu saure Bodenreaktion, können durch Kalkgaben relativ einfach erhöht werden. Ein langfristig wirksames Absenken des pH-Wertes ist dagegen nur sehr eingeschränkt möglich.

Gehölzauswahl zur Unterpflanzung limitiert. Kommt zum Vollschatten Bodentrockenheit hinzu, geht die Auswahl der Pflanzen, mit denen man hier einen langfristigen Erfolg haben könnte, auf Null zu.

Rosen leiden im Tropfbereich von Baumkronen. Die ständige Blattfeuchte führt zu raschem Laubverlust durch Pilzkrankheiten.

Unabhängig von anders lautenden Berichten in den Gartenzeitschriften bleibt es dabei: Jede Gehölzflora lässt sich auf schattigen **und** trockenen Böden nur mit Hilfe kontinuierlicher Wassergaben im Sommer (Tröpfchenbewässerung) etablieren. Auch Mahonien, *Pachysandra* und Efeu können zwar jede Menge Schatten vertragen, brauchen aber eine gewisse Bodenfeuchte für ihr Gedeihen.

Die richtige Bodenvorbereitung

Eine optimale Bodenvorbereitung ist das unabdingbare Fundament für eine langfristig erfolgreiche Gehölzpflanzung. Es lohnt sich immer, durch Humusgaben das Bodenleben zu fördern und durch das peinlich genaue Entfernen aller Wurzelunkräuter für eine saubere Pflanzfläche Sorge zu tragen. Ersparen Sie sich die leidvollen Erfahrungen anderer Gartenfreunde. Alle Vorbereitungssünden holen Sie umgehend ein und lassen sich im Nachgang kaum abstellen. Pfusch wird spätestens im zweiten Jahr nach der Pflanzung mit üppig gedeihenden Unkräutern abgestraft – gnadenlos.

Bodenleben

Ihr bester Freund und Helfer in Sachen Bodenfitness ist der Regenwurm, der zusammen mit seinen Kollegen abgestorbene Pflanzenteile, in Verbindung mit Tonmineralien, zu bestem Humus verdaut. Je mehr Regenwürmer Ihren Boden durchpflügen, desto lockerer und wertvoller wird er und desto besser ist die Durchlüftung und Wasserführung.

Wie pflanze ich Gehölze?

Lesen Sie bitte die nachfolgenden Hinweise für eine optimale Behandlung der Gehölze besonders aufmerksam. Leider werden beim Pflanzen von Gehölzen immer wieder Fehler gemacht, deren Auswirkungen sich oft nicht mehr ursächlich zurückverfolgen lassen. Deshalb wird die Schuld an einer erfolglosen Pflanzung häufig dem Gehölz oder der Lieferquelle angelastet.

Versorgen und Einschlagen

Besonders wurzelnackte Gehölze sind bereits vor dem Pflanzen den Unbilden von Wind und Wetter ausgeliefert. Die nackten, hochempfindlichen Wurzeln dürfen nie offen Sonne und Wind preisgegeben werden. Eine Abdeckung, beispielsweise mit einem nassen Leinen- oder Jutesack, schützt sie vor Trockenschäden. Pflanzen Sie so zügig wie nur möglich und setzen Sie die Wurzeln nicht länger als nötig dem Wind aus. Mitunter kommt es vor, dass Gehölze nicht unmittelbar nach dem Kauf gepflanzt werden können. Dann empfiehlt es sich, die Pflanzen einzuschlagen. Richtig versorgt, können Gehölze im Einschlag spielend den ganzen Winter überdauern. Heben Sie zum Einschlagen einen ca. 25 cm tiefen Graben aus, in den Sie die wurzelnackten bzw. ballierten Gehölze hineinstellen. Füllen Sie nun den Graben mit lockerer Erde auf und treten Sie das Erdreich leicht an. Sehr wichtig: Nach dem Einschlämmen müssen alle Wurzeln bedeckt sein.

Wässern vor dem Pflanzen

Um neue Gehölze mit einem ausreichenden Wasserreservoir zu versorgen, tauchen Sie sie vor dem Einpflanzen gründlich. Containergehölze werden dafür aus den Töpfen herausgenommen. Die Ballen tauchen Sie so lange in einen Eimer voll Wasser, bis keine Blasen mehr aufsteigen. Mit trockener Ballenware verfahren Sie genauso. Wurzelnackte Gehölze werden vor der Pflanzung komplett – oder zumindest mit ihrer Wurzel – eine Stunde in ein Wasserbad gelegt.

Ballentuch aufknoten, Töpfe entfernen

Wurzelballen sind häufig in ein Ballentuch eingebunden. Lassen Sie dieses Tuch aber am Ballen und pflanzen Sie es mit ein. Es verrottet im Boden nach kurzer Zeit. Vergessen Sie nicht, den dicken Knoten, mit dem das Tuch oben geschlossen ist, zu öffnen. Bei Containerpflanzen entfernen Sie natürlich vor dem Pflanzen die Töpfe.

Pflanzgrube anlegen

Der Umfang der Pflanzgrube errechnet sich aus der Ballengröße. Sie sollte mindestens doppelt so tief wie der Ballendurchmesser sein. Heben Sie die Erde aus und bessern Sie

1 Vor dem Pflanzen werden alle Ballen etwa zwei Minuten lang getaucht. Niemals trockene Ballen einpflanzen!

2 Vor dem Pflanzen sollte auch das notwendige Handwerkszeug bereit stehen: Spaten und Gießkanne.

3 Nach dem Ausheben der ausreichend großen Pflanzgrube wird der Ballen hineingestellt.

4 Vorhandene Ballentücher werden mitgepflanzt, der dicke Knoten am Wurzelhals muss jedoch geöffnet werden.

5 Jetzt wird das Pflanzloch mit der Aushuberde aufgefüllt. Keinesfalls mineralische Dünger mit in die Pflanzgrube geben!

6 Nach dem Auffüllen treten Sie die Erde leicht fest und gießen das Gehölz ausgiebig mit der Kanne an.

sie mit Gartenkompost auf. Die Ränder und die Sohle des Pflanzloches lockern Sie mit dem Spaten auf, damit insbesondere die Wurzelballen von Containergehölzen es leichter haben, in den Gartenboden hineinzuwachsen. Die Gehölze werden es Ihnen mit dem raschen Aufbau einer funktionstüchtigen Wasser- und Nährstoffversorgung durch eine gute Wurzelverankerung danken.
Vor dem Einstellen der Gehölze geben Sie ein wenig von dem mit Kompost oder Pflanzerde aufbereiteten Mutterboden in das Pflanzloch.

Wurzelschnitt

Lockern Sie stark verwurzelte Ballen von Containergehölzen vor dem Pflanzen, indem Sie den Wurzelfilz vorsichtig vom Rand her mit den Händen aufbrechen. Schneiden Sie überlange Wurzeln von wurzelnackten Gehölzen so weit zurück, dass sie gerade und ohne Knicke in der Pflanzgrube hängen können. Beschädigte Wurzeln werden ebenfalls bis hinter die Schadstelle abgeschnitten.
Mit dem Schnitt der Wurzeln geht auch ein Schnitt der oberirdischen Triebe des wurzelnackten Gehölzes einher, die entsprechend eingekürzt werden müssen. Die Wurzelmasse muss in einem ausgewogenen Verhältnis zu den übrigen Triebteilen stehen, damit eine ausreichende Versorgung gewährleistet ist. Wenn Sie sich den Pflanzschnitt nicht zutrauen, lassen Sie ihn gleich beim Kauf im Fachbetrieb vornehmen. Nur fachgerecht geschnittene Gehölze können die in sie gesetzten Erwartungen erfüllen.

Dünger

Mineralischer Dünger gehört nicht an frisch gepflanzte Gehölze. Lediglich eine Hand voll organischen Dünger (Hornspäne) bzw. einige Körner Langzeitdünger, die ihre Nährstoffe langsam und ausgewogen abgeben, können Sie den Wurzeln als Startschuss mitgeben.

Pflanztiefe

Setzen Sie die Gehölze nur so tief, wie sie vorher in der Baumschule gestanden haben. Nur sehr wenige Gehölze (wie Clematis und Päonien) werden im Garten bewusst tiefer gepflanzt, um zusätzliche Wurzelbildung anzuregen. Oft ist es hingegen sogar bei Flachwurzlern (*Rhododendron, Cornus*) vorteilhaft, sie höher einzupflanzen.

Verankern von Bäumen

Bei wurzelnackten und ballierten Bäumen ist eine Verankerung mit Hilfe eines Pfahls wichtig. Der Pfahl hilft dem Baum, sich im Gartenboden zu etablieren. Ein Baum, der durch den Wind hin und her geschaukelt wird, hat kaum eine Anwachschance.
Der Pfahl wird **vor** dem Einstellen des Baumes in die vorbereitete Pflanzgrube eingeschlagen, damit eine Verletzung der Baumwurzeln ausgeschlossen ist. Bei größeren Bäumen können auch zwei oder drei Stützpfähle notwendig sein. Nach der Pflanzung wird der Pfahl mit einem Kokosstrick am Baumstamm

Kokosstricke haben sich zum Fixieren des Baumes am Pfahl bewährt, da sie nicht scheuern. WIchtig: Einmal im Jahr auf guten Halt prüfen.

Ein Gießrand verhindert, dass das Schlämmwasser sich im Garten verteilt, anstatt den Wurzelballen zu versorgen.

befestigt. Niemals Draht oder Plastikschnüre verwenden, da sie den Stamm abschnüren können. Als Schutz vor Wildverbiss hat sich ein Kunststoff- oder Drahtgeflecht rund um den Stamm bewährt.

Wässern – auch bei Regen

Füllen Sie nun das Pflanzloch mit der zuvor ausgehobenen Erde auf. Schütteln Sie die Pflanze kräftig, um die Pflanzerde gleichmäßig zu verteilen und treten Sie dann die Erde rund um die Pflanze leicht mit dem Absatz an. Dadurch wird die Standfestigkeit der Gehölze erhöht und eine gute Verbindung der Wurzeln mit dem sie umgebenden Boden erreicht. Vor dem Pflanzvorgang war der Boden ein homogenes, Luft und Wasser führendes Gefüge. Durch das Ausheben und Wiederauffüllen der Pflanzgrube hat sich dieses Gefüge verändert, der Bodenhaushalt ist kräftig durcheinander gewirbelt worden. Es gilt jetzt, die entstandenen Hohlräume durch gründliches Anwässern wieder zu schließen. Dieser Bodenschluss ist die unbedingte Voraussetzung für ein zügiges Anwachsen der gepflanzten Gehölze. Wässern Sie also mit der Gießkanne ohne Tülle oder dem Gartenschlauch kräftig an, auch mehrmals, bis das Wasser nur noch sehr langsam versickert. Ein kleiner, etwa 10 cm hoher Erdwall um das Gehölz herum verhindert, dass sich das Schlämmwasser im Beet verteilt.
Alle frisch gepflanzten Gehölze brauchen in den ersten Wochen nach dem Pflanzen eine kontinuierliche Wasserversorgung.

Wie pflanze ich eine Hecke?

Für das Pflanzen einer Hecke empfiehlt sich die Grabenpflanzung. Sie sorgt für einen geraden Heckenverlauf.

Wurzelnackte Gehölze

Der Einkauf wurzelnackter Heckenware von Laubgehölzen wie Berberitze und Liguster lohnt sich vor allem für die Herbstpflanzung ab Oktober. Diese Lösung ist preiswert, außerdem relativieren sich die Vorteile der teuren Containerpflanzen während der herbstlichen Jahreszeit. Alle Pflanzen werden kräftig zurückgeschnitten! Keine falsche Scheu, auch wenn Sie das Gefühl haben, den Wert Ihrer gerade erstandenen Pflanzen zu reduzieren. Am besten lassen Sie den Schnitt der Triebe und Wurzeln gleich in der Baumschule ausführen. Das erleichtert den Transport und erspart Ihnen die Entsorgung der Schnittabfälle. Beim Schnitt werden die Triebe etwa um ein Drittel zurückgenommen. Nach dem Schnitt sollte ein Leittrieb jede Pflanze dominieren. Der Rückschnitt unmittelbar vor der Pflanzung ist unabdingbar und erleichtert das Anwachsen der Heckenpflanzen erheblich. Überlange Wurzeln werden ebenfalls eingekürzt, damit sie gerade und ohne Knicke und Krümmungen in der Pflanzgrube Platz finden. Halten Sie die Schnittstellen an den Wurzeln möglichst klein, damit die Setzlinge geschont werden. Bereits die Rodung in der Baumschule war für die Pflanzen ein einschneidendes Erlebnis,

Mit der Grabenpflanzung stellen Sie sicher, dass auch längere Heckenanlagen schnurgerade verlaufen. Einfach einstellen, ausrichten, fertig!

bei dem sie einen Teil ihrer Wurzeln eingebüßt haben. Die verbliebenen Wurzeln müssen die weitere Versorgung der Pflanze gewährleisten. Ihre Masse muss deshalb in einem ausgewogenen Verhältnis zu den oberirdischen Triebteilen stehen.

Auf einen Blick

- Kaufen Sie nur Qualitätspflanzen.
- Passen Sie Ihre Gehölzauswahl den Standortvoraussetzungen an.
- Bereiten Sie den Boden vor dem Pflanzen gründlich vor.
- Containerpflanzen ermöglichen ein Pflanzen rund ums Jahr.
- Ein Blick ins Nachbarrecht hilft Konflikte vermeiden.

Ziergehölze richtig pflegen

Ziergehölze sind unkomplizierte Gartenwesen. Wer ihnen etwas Pflege angedeihen lässt, hat Jahrzehnte lang Spaß mit diesen Gartenschätzen. Wenn Gehölze durch ihre Wuchsvitalität aus dem Rahmen fallen, bringt sie der richtige Schnitt wieder in Form.

Wie schneide ich Gehölze?

Ein Rückschnitt fördert die Blühwilligkeit und Formschönheit vieler Ziergehölze. Zudem bleiben im Schnitt gehaltene Gehölze gesünder. Ähnlich wie bei uns Menschen gilt: Wer rastet, der rostet! Ungeschnittene Sträucher vergreisen rasch und werden blühfaul.

Schnitt der Laubgehölze

Bestimmte Gehölze verlangen einen regelmäßigen Schnitt, andere brauchen ihn nicht

Scharfes, sauberes Schnittwerkzeug erleichtert den Gehölzschnitt erheblich.

unbedingt, aber er tut ihnen sichtlich gut. Das beste Beispiel sind Rosen oder die Spätsommerblüher unter den Ziersträuchern. Bei manchen Pflanzen wie dem Mandelbäumchen schützt ein Schnitt nach der Blüte sogar vor Krankheiten.

Viele Gehölze müssen jedoch nicht regelmäßig geschnitten werden. Bei edlen Gartengehölzen wie der Zaubernuss, den Päonien oder Magnolien würde ein scharfer Schnitt sogar die Schönheit der natürlichen Wuchsform verunstalten. Der Schnitt sollte kein Selbstzweck sein, sondern konkreten Zielen folgen, etwa der Förderung der Blüten- und Fruchtbildung, der Verjüngung und damit Verkleinerung zu groß gewordener Gehölze oder dem Formieren von Gehölzhecken.

Die beste Schnittzeit ist der Februar/März bei frostfreier Witterung. Dann lassen sich die meisten Sommerblüher wie Buddleien, Spiersträucher und Hortensien gut zurücknehmen. Frühjahrsblühende Gehölze wie Forsythien oder Flieder werden **nach** ihrer Blüte geschnitten. Mit dem Rückschnitt frostgeschädigter Gehölze warten Sie ebenfalls besser bis zum Frühling, wenn das Ausmaß der tatsächlichen Schäden sichtbar wird. Ein Herbstschnitt ist bei Gehölzen unüblich. Er würde offene Wunden an den Schnittstellen hinterlassen, durch die der Frost leicht eindringen kann. Ausnahme: Zwecks Vermeidung von Schäden durch Windbruch oder Schneelast kann ein leichter Schnitt überlanger Triebe vor dem Winter in bestimmten Regionen sinnvoll sein.

Buddleien werden im zeitigen Frühjahr radikal zurückgenommen. Sie entwickeln dann bis zum Sommer neue Blütentriebe.

Der gleiche Strauch im Juli: An den neuen Trieben haben sich zahlreiche Blütenrispen gebildet. Der Strauch ist nun absolut blickdicht.

Bei Clematis und Rosen hängen Schnittstärke und Schnittzeitpunkt von der jeweiligen Blührhythmik der Sorte ab.

Sehr schnittverträglich sind Lebensbäume und Eiben, die aus diesem Grund auch als Hecken- und Formgehölze beliebt sind.

Schnitt der Nadelgehölze

Nadelgehölze werden selten geschnitten, ein Schnitt würde die natürliche Wuchsschönheit der Pflanzen beeinträchtigen. Bei einigen Arten wie Kiefern ist der Schnitt jedoch möglich, sollte sich aber auf das Einkürzen der Triebspitzen beschränken. Kieferntriebe können Ende Mai bis Anfang Juni um die Hälfte eingekürzt werden, das Ergebnis sind kompakte Pflanzen.

Mein Rat

Achten Sie beim Kauf Ihrer Gartenschere auf die richtige Größe. Am besten machen Sie beim Kauf einen kurzen Test. Die Schere sollte gut in Ihrer Hand liegen und sich für einen mühelosen Rückschnitt von Ästen bis Daumendicke eignen. Für trockene, schwer zu schneidende Triebe eignen sich Amboss-Gartenscheren.

Grundsätzliche Schnitt-Tipps

Die Schnitt-Tiefe hat folgende Auswirkungen: Wenn Sie stark zurückschneiden und nur wenige Knospen stehen lassen, werden Sie weniger, dafür aber längere und stärkere neue Triebe erzielen. Umgekehrt bewirkt ein nur leichter Schnitt zahlreiche, aber dafür kürzere Neutriebe.

Merkregel: Ein schwacher Rückschnitt verursacht einen schwachen, ein starker Rückschnitt einen starken Austrieb.

Der Schnitt soll vor allem die Lichtverhältnisse innerhalb eines Gehölzes so verbessern, dass mehr und kräftiger entwickelte Triebe gebildet werden können. Richtig ausgeführt, fördert er die Entwicklung junger, bodennaher Blütentriebe, die der Vitalität und Grunderneuerung des Strauches zugute kommen.

Formgehölze wie Buchs-Pyramiden bleiben durch regelmäßigen Schnitt in Form.

Wie geht man vor?

- Schneiden Sie zunächst alle durch Krankheiten, Verletzungen oder Frost geschädigten, morschen, meist bräunlichen Triebe bis in das gesunde, innen noch grünlich weiße Holz zurück. Beim Rückschnitt gesunden Holzes spüren Sie einen deutlichen Widerstand.

- Entfernen Sie alle dünnen und schwachen Triebe bis zum Ansatz.
- Beim Auslichten von Blütensträuchern schneiden Sie Triebe, die älter als drei bis vier Jahre sind, dicht über dem Boden ab. Junges, kräftiges, blühvitales Holz bleibt natürlich stehen.
- Wenn Sie überlange Jungtriebe einkürzen, ist die richtige Schnittführung wichtig. Schneiden Sie den Trieb etwa 5 mm über einer Knospe leicht schräg ab. Dabei halten Sie die dabei entstehende Wundfläche so klein wie möglich.
- Lassen Sie keine Triebstummel stehen, weil diese später zu idealen Vermehrungshorten für Krankheiten und Pilze werden.
- Abgeschnittene Triebe haben nichts in Gartenbeeten zu suchen. Sammeln Sie sie ein. Das hat nichts mit Pedanterie zu tun, sondern beugt der Bildung von Krankheitsherden vor.

Mein Rat

Ihre Schere muss nicht teuer, aber scharf sein, denn sie soll die Triebe nicht abquetschen, sondern glatt abschneiden.

Wie schneide ich eine Hecke?

Eigentlich sind Heckengehölze wie menschliche Wesen. Sie brauchen Zuwendung, Sonne, Luft zum Atmen, zu essen und zu trinken. Und von Zeit zu Zeit müssen sie zum »Friseur«. Hecken benötigen von Anfang an einen regelmäßigen Schnitt, damit die Schere immer nur in der äußersten, begrünten Heckenperipherie angesetzt werden muss.

Nadelgehölzhecken *(Thuja, Chamaecyparis, Picea, Pinus)* vertragen Rückschnitte sehr gut, wenn nur im Bereich der Spitzentriebe geschnitten wird. Schnitte ins alte Holz dagegen führen dauerhaft zu Kahlstellen.

Lieber weniger und öfter

Deshalb ist es wichtig, in den ersten Jahren lieber etwas häufiger und weniger scharf zu schneiden als umgekehrt. Wie bei einem gepflegten Rasen entsteht ein blickdichter, formschöner Sichtschutz mit einem geschlossenen Gesamteindruck nur dann, wenn Sie durch kontinuierliche Kurzschnitte immer wieder für eine feine Verzweigung sorgen. Fällt der Schnitt aus, dominieren rasch einzeln stehende lange Triebe, die das ruhige Gesamtbild stören. Folgt dann zur Korrektur ein radikaler Rückschnitt, werden Heckenlöcher aufgerissen, die je nach Gehölzart möglicherweise nie mehr zuwachsen.

Je kleiner die Ausgangsware, desto häufiger müssen Sie in der Anfangszeit zur Schere greifen. Aber auch große Heckenpflanzen brauchen immer wieder Pflege, bis die Solitäre zu einer Einheit verschmolzen sind. Wem Schnittarbeiten lästig sind, der sollte lieber von Anfang an eine lockere Blütenhecke als lebenden Gartenzaun wählen.

Wenn Sie wurzelnackte Jungpflanzen gesetzt haben, haben Sie durch den harten Pflanzschnitt bereits für eine bessere Verzweigung und vor allem für ein rasches Anwachsen gesorgt. Ballenware bzw. Containerpflanzen brauchen eigentlich keinen echten Pflanzschnitt; trotzdem sollten Sie zumindest überlange Leittriebe einkürzen, um die Grundlage für eine dichte Hecke zu schaffen.

In den ersten Jahren halbieren Sie zunächst alle Langtriebe der Setzlinge, auch wenn Sie

Schnittige Kreativität: Ausgefallene Heckenformen lassen sich leichter als gedacht gestalten und brechen das monotone Einerlei der typischen Kastenhecken auf.

Mit Hilfe der Heckenschere schneiden Sie runde Formen ohne viel Mühe und großen Zeitaufwand.

Achten Sie unbedingt auf einen konischen Aufbau Ihrer Hecke. Je höher der grüne Gartenzaun formiert wird, desto ausgeprägter sollte die Trapezform gestaltet werden.

damit Ihre Hecke scheinbar immer wieder »zurückwerfen«. Natürlich will jeder schnell eine hohe Hecke haben. Damit sie aber buschig und blickdicht wird, ist etwas Geduld gefragt. Die meisten Heckenpflanzen sind Sträucher, die immer wieder in die Breite wachsen wollen und sich deshalb nur oberhalb einer Schnittstelle verzweigen. Schnell wachsende, schmale und dichte Heckenwände ergeben von sich aus nur die baumartig wachsenden Laubgehölze Hainbuche und Rot-Buche, die allerdings mit der gleichen Wuchskraft weiterwachsen wollen und deshalb später mehr Schnittarbeit erfordern. Bei den immergrünen Laubgehölzen zeigt nur die Stechpalme einen betonten Aufwärtswuchs. Unkompliziert sind Nadelgehölze, die sich in jede Form bringen lassen. Dies erklärt auch die Beliebtheit von Thuja & Co.

Durchgehend dicht

Achten Sie schon bei den ersten Schnitten auf einen **konischen Aufbau,** den Sie über die Jahre hinweg immer weiter durch entsprechende Schnitteingriffe betonen. Warum? Wenn Sie Hecken konisch, d. h. unten breiter, oben schmaler, schneiden, dann bleiben sie von unten bis oben dicht. Im Laufe der Zeit entsteht eine Trapezform, die für alle Heckenpflanzen gut geeignet ist und für eine bis zum Boden dichte Belaubung sorgt. Die gleichförmige, rechteckige Kastenform kommt nur für schattentolerante Heckengehölze wie Hainbuche, Buche und Eibe in Frage. Wichtig ist zudem ein ausgewogenes Verhältnis zwischen Heckenhöhe und -breite. Zu niedrige Hecken verlieren ihre räumliche Funktion, zu hohe Heckenwände wirken mitunter erdrückend. Natürlich können Sie Ihre Hecke auch mit einem runden Rücken versehen, der sehr gefällig und nostalgisch wirken kann. Besonders Liguster und Kirschlorbeer müssen nicht unbedingt gerade geschnitten werden. In Dänemark, dem Land der Hecken, schneidet man Hecken meist oben rund. Die Vorteile liegen auf der Hand: Runde Heckenwände lassen sich viel schneller schneiden, kleinere Kurven und Beulen fallen weit weniger auf als bei rechtwinkligen Formen.

Schnitt-Termine

Die besten Schnitttermine für **Laubgehölze** liegen Ende Juni, wenn die Vogelbrut ausgeschlüpft ist, die gefiederten Gartenfreunde ihre Nester verlassen und Gehölze ihr Hauptwachstum bereits abgeschlossen haben. Mit dem Schnitt kann dann die Vitalität des sog. Johannistriebes genutzt werden. Dieser fördert viele Feintriebe, die ihrerseits für Dichte sorgen. Ein früherer Heckenschnitt kann dazu führen, dass Sie brütende Vögel vertreiben. Die Eier werden dann nicht mehr versorgt, bereits geschlüpfte Küken verhungern. Auch im Juli ist noch eine Vogelbrut denkbar. Falls Sie entsprechende Nester bemerken, verschieben Sie den Schnitt. Bei größeren Hecken ist Mitte August die richtige Zeit für den zweiten Schnitt gekommen.

Immergrüne Formgehölze wie Buchs und Liguster können ab Anfang Juni immer wieder in regelmäßigen Abständen in Form gebracht

Mit stark wachsenden Heckenkoniferen lassen sich in kurzer Zeit auch formierte Torbögen modellieren.

Mein Rat

Legen Sie vor dem Schnitt eine Folie vor der Hecke aus. Das erleichtert Ihnen später das Wegräumen des Schnittgutes. Die Folie wird einfach an allen vier Ecken zusammengerafft und zum Komposthaufen getragen.

werden. Je öfter, desto besser. Vor allem harte Rückschnitte bis in alte Triebpartien sollten Sie bei Immergrünen vermeiden. Bei Nadelgehölzen führen sie sogar zu bleibenden Kahlstellen. **Sehr stark wachsende Nadelgehölze** können Sie bis zu dreimal zwischen April und September schneiden. Für die klassischen Heckenkoniferen mit mittelstarkem Wuchs genügen zwei Schnitte: einmal etwa Mitte Juli, dann noch einmal im Herbst. Formierte Eibenhecken kommen zur Not auch mit einem einzigen Sommerschnitt aus. Trotzdem gilt auch hier: Je öfter, desto besser. Vor allem formt sich eine Nadelhecke bei häufigen Kurzschnitten sehr viel gleichmäßiger aus. Regelmäßig geschnitten werden vor allem Hecken-Nadelgehölze wie Thuja, Scheinzypressen und andere Koniferen mit **schuppenartigen** Nadeln im Bereich der jungen Triebspitzen. Nur wer bei diesen Nadelgehölzen regelmäßig zur Schere greift, kann auch stark wachsende Protagonisten wie etwa die Gelbe Baumzypresse (Cupressocyparis leylandii 'Castlewellan Gold') auf einer Höhe von 200 cm halten.

Wichtig zu wissen

Einmal hoch gewachsene Nadelgehölze wie Zypressen und Thuja können nicht mehr verjüngt werden. Sie treiben nicht aus ihrem alten Holz aus. Die einzige Ausnahme bilden Eiben, die aus diesem Grund auch als wertvolle Formhecken und -gehölze beliebt sind. Sie können zur Not bis auf ein Fünftel ihrer Größe zurückgeschnitten werden. Bei benadelten Kieferntrieben sollte sich der Schnitt

aber auf das Einkürzen der jungen Triebspitzen beschränken. Frische Kieferntriebe können Ende Mai/Anfang Juni um die Hälfte eingekürzt werden.

Das richtige Werkzeug

Mit dem richtigen Schneidwerkzeug geht der Schnitt leicht von der Hand. Schneiden Sie nur mit scharfen und sauberen Scheren. Schartige Wunden und Quetschungen sind potenzielle Krankheitsherde. Das klassische Werkzeug passionierter Garten-»Bildhauer« ist die Hand-Heckenschere. Natürlich kommen Sie in den ersten Jahren des Heckenaufbaues mit einer gewöhnlichen Gartenschere aus. Bei großlaubige Heckenpflanzen wie Kirschlorbeer reicht sogar bis ins hohe Alter eine Gartenschere. Aber für den Formschnitt

Vor allem bei großlaubigen Hecken empfiehlt sich der Einsatz von Handschneidegeräten. Das Laub wird nicht zerfetzt und bleibt nach dem Schnitt ansehnlich.

der klassischen Heckengehölze wie Liguster, Berberitze und Buchs, die rasch zu einem dichten Heckenstreifen heranwachsen, ist eine Heckenschere unerlässlich.

Von Hand ...

Für niedrige und kurze, nur einige Meter lange Heckenwälle ist die **Hand-Hecken-schere** ein gutes Arbeitsgerät. Achten Sie beim Kauf darauf, dass Sie ein nicht zu schweres Modell wählen. Gute Heckensche-ren haben ihren Preis und sind in der Regel nicht unter 30 € zu bekommen. Die Hand-Heckenschere kommt üblicherweise beim Heckenschnitt zum Einsatz, aber auch langes Gras lässt sich mit ihr einkürzen. Bei dicken, bis 1 cm starken Trieben hilft wiederum die Gartenschere. Sie lässt sich ungefährlich mit einer Hand bedienen. Noch dickere Äste er-fasst eine **Astschere** bzw. eine Baumsäge.

... oder mit Motorkraft?

Landschaftsgärtner sieht man häufig mit Scheren arbeiten, die mit lauten Benzinmoto-ren angetrieben werden. Für den Hobbygärt-ner ist aber die **Akku-Schere** die beste Lösung. Zwar ist diese Arbeitshilfe für alle Lazy-Gärtner in ihrer Leistungskapazität begrenzt, dafür beeinträchtigen weder Kabel noch Benzinge-stank und Lärm das Schnittvergnügen. Immer volle Kraft bieten **Scheren mit Kabelanschluss.** Achten Sie aber auf ein langes, komfortables Anschlusskabel, das Ihnen genügend Bewe-gungsfreiheit gewährt. Mit einem Clip, der im Fachhandel angeboten wird, können Sie das

Für kleinlaubige Hecken sind elektrische oder motorbetriebene Scheren eine sinnvolle Hilfe.

Kabel der Elektroschere am Gürtel fixieren. Dadurch verringern Sie die Unfallgefahr deutlich. Wer größere Heckenwände zu be-arbeiten hat, sollte abwägen, welche Variante die sinnvollste ist. Lassen Sie sich in einem GartenCenter mit angeschlossener Motoris-tenabteilung ausführlich beraten. Diese Verkaufsstellen führen in der Regel die gängigsten Modelle und bieten auch einen Wartungs- und Reparaturservice an.

Auf jeden Fall verringert die elektrische Heckenschere den Kraftaufwand beim Heckenschnitt erheblich, auch, wenn Sie sie nur dafür nutzen, die groben Vorarbeiten für einen dann folgenden »Feinschliff« mit der Hand-Heckenschere zu erledigen. Halten Sie beim Schnitt mit elektrischen Heckenscheren das Schneidblatt immer parallel zur Hecke. Fahren Sie mit ausladenden, schwingenden Schneidbewegungen immer wieder an der Heckenwand entlang, so lange, bis die Lauboberfläche plan ist. Wenn Sie hohe Hecken schneiden, sind Hilfsgerüste unumgänglich. Achten Sie bei Leitern auf einen sicheren Stand. Der Einsatz einer Wasserwaage sorgt dafür, dass keine Heckenwellen entstehen. Bei längeren Heckenabschnitten ist das Spannen einer mit der Wasserwaage ausgeloteten Schnur ein nützliches Orientierungsmittel.

Ein harter Schnitt in das alte Holz einer Buchshecke führt zu hässlichen Verbräunungen. Deshalb gilt: Lieber öfter, aber gemäßigter schneiden.

Heckenschnitt in der Praxis

Sommergrüne Gehölze

Damit es möglichst zu keinen Ausfällen kommt, gehen Sie bei sommergrünen Alt-Hecken wie folgt vor: Im Spätwinter entfernen Sie mit einer Astschere oder Baumsäge auf der Oberseite und an den Seitenwänden alle dicken Äste und Astquirle. Nach dem Schnitt bleiben nur noch Stammstummel mit leichter Seitenholzgarnierung stehen. Natürlich können Sie die Verjüngung auch stufenweise (und damit pflanzenverträglicher) vornehmen

und im ersten Jahr zunächst nur eine Flanke, im zweiten Jahr dann die andere Flanke zurücknehmen. Gleich, welche Strategie Sie wählen: Achten Sie auf saubere Wunden und verstreichen Sie größere Wundstellen mit einem Wundschlussmittel. Aus den »schlafenden« Knospen, die austriebsfähig an älteren Holzpartien sitzen, treiben die Pflanzen wieder kräftig aus. Manche, wie Eiben oder Rhododendren, lassen mit dem Neutrieb recht lange lange auf sich warten, rühren sich mitunter erst im Sommer. Kein Grund zur Sorge! Bitte düngen Sie jedoch derartig zurückgenommene Pflanzen nicht. Auch eine Bewässerung ist in Jahren mit normalem Witterungsverlauf nicht nötig. Am besten lassen Sie die Gehölze in Ruhe und üben sich in Geduld. Eine Verjüngung erfordert eine regelmäßige Instandhaltung in den nächsten Jahren. Wie bei einer Junghecke müssen überlange, weiche Einzeltriebe immer wieder mit der Heckenschere »frisiert«, d. h. eingekürzt werden, damit eine buschige Heckenstruktur entsteht. Jeder Rückschnitt birgt aber auch Risiken. Er ist eine im wahrsten Sinne des Wortes einschneidende Operation, die nicht jeder Patient überlebt. Insbesondere äußere Begleitumstände wie mangelnde oder (öfter) übertriebene Pflanzenversorgung, Lebensalter und Schädlinge können auch an sich schnittharten Gehölzen den Garaus machen. Vor allem bei immergrünen Heckengreisen (z. B. immergrüne Berberitzen, Buchs, Kirschlorbeer oder Feuerdorn) ist Vorsicht geboten. Es kann Jahre dauern, bis sie sich erholt und zu einer ansehnlichen Neuhecke entwickelt haben. Mitunter ist es einfacher, eine alte Hecke komplett zu räumen, den Boden aufzubessern und neu zu pflanzen. Oder Sie verteilen den Rückschnitt auf mehrere Jahre, um so die Pflanzen stufenweise zu verjüngen. In Zweifelsfällen holen Sie sich Rat in einer Baumschule oder bei einem Landschaftsgärtner.

Vorsicht bei Nadelgehölzen

Gefährlich ist der Rückschnitt alter Nadelgehölzhecken. Wer Thujen, Scheinzypressen, Fichten oder Kiefern bis ins alte Holz zurücknimmt, muss mit Löchern rechnen, die nicht mehr zuwachsen und eine ganze Heckenfront verunstalten können. Am besten vertragen Nadelgehölze noch einen (maßvollen) Schnitt in der Höhe. An den Flanken darf nur so weit zurückgeschnitten werden, wie der Nadelansatz reicht. Nadellose Triebstummel treiben in der Regel nicht mehr aus.

Heckenbögen gestalten

Kreative Heckenfans sind mit einer schnurgeraden Heckenwand sicher nicht zufrieden zu stellen. Zu den besonderen Herausforderungen zählt auf jeden Fall das Einplanen eines Torbogens, der zum Beispiel ein Gartentor überspannt und die abschottende Wirkung einer Hecke deutlich auflockert. Stellen Sie am besten schon beim Pflanzen der Hecke einen Rosenbogen als entsprechendes Leit-

Wenn Sie Ihre Koniferenhecke sicher ruinieren möchten, dann schneiden Sie sie bis in alte Strauchpartien zurück! Diese Wunden können die Pflanzen nie mehr schließen!

Mit Hilfe von Draht und Bambusstöcken nehmen Heckenverzierungen wie diese Öffnung Gestalt an.

Sie können mit Geduld entweder selbst einen Heckenbogen formieren oder in einer Garten-Baumschule bereits mehrere Jahre alte »Fertigbögen« erstehen.

gerüst mit auf. An diesen Bogen sollten die Heckenpflanzen dicht anschließen. Lassen Sie bei den Pflanzen, die direkt links und rechts des Bogens stehen, über die Jahre die Leittriebe ungeschnitten und führen Sie sie am Bogen hoch. So entsteht mit den Jahren ein grünes Tor, das Sie genauso wie die Hecke in Form bringen.

Wer nicht erst einige Jahre warten möchte, kann in einer Baumschule bereits begrünte Torbögen erstehen. Es gibt beispielsweise Modelle aus Hainbuche in verschiedenen Torausführungen und -höhen. Diese haben allerdings ihren Preis. Preiswerter erhalten Sie mit Kletterpflanzen wie Efeu bestückte Bögen, die einen ähnlichen Effekt garantieren und ebenfalls leicht in Form zu halten sind.

Alte Hecken verjüngen

Hecken-Methusaleme können mit den Jahren vergreisen bzw. so aus der Form gehen, dass sich eine Verjüngung empfiehlt. Natürlich sollte man radikale Verjüngungsmaßnahmen möglichst vermeiden. Bei regelmäßig geschnittenen Formhecken sind sie eigentlich auch nie nötig, müssen aber sein, wenn man zum Beispiel einen alten Garten mit ungepflegter Hecke übernimmt.

Aufgrund ihres guten Austriebverhaltens vertragen die meisten sommergrünen Laubgehölze wie Liguster, Feld-Ahorn, Rot-Buchen und Laub abwerfende Berberitzen, aber auch Eiben und großblumige Rhododendren einen brachialen Rückschnitt gut. Nähere Angaben hierzu finden Sie bei den Porträts (Seite ••).

Wildtriebe

Veredelte Gehölze und viele Zierstämmchen bestehen aus zwei Teilen: dem oberirdischen Edeltrieb und dem unterirdischen Wildling. Immer wieder kommt es vor, dass aus dieser Unterlage oder dem Wildstamm Wildtriebe herauswachsen. Wildtriebe rauben der Veredlung Nährstoffe und Wasser und müssen direkt an der Wurzelbasis ausgerissen bzw. am Stamm mit einem scharfen Messer sauber abgeschnitten werden.

Besonders bei Rosen ist mit Wildtrieben nicht zu spaßen. Zeigen sich hier Wildtriebe, gräbt man zunächst den Wurzelhals frei und schneidet die Rinde unterhalb des Wildtriebs mit einem scharfen Messer waagerecht an. Dann reißt man den Wildtrieb mit einem Ruck ab.

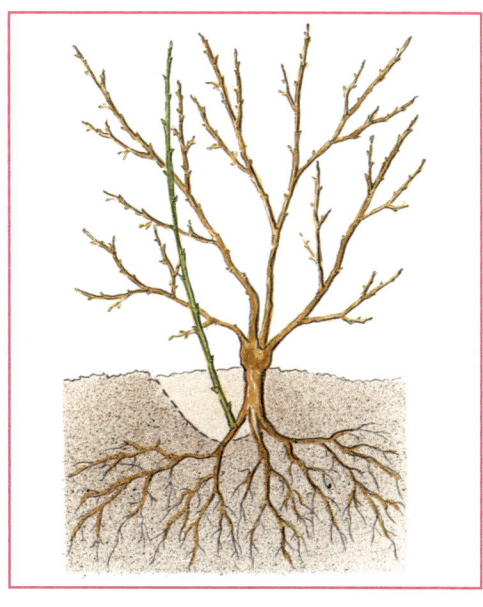

Wildtriebe zunächst freilegen und an der Ansatzstelle abschneiden bzw. ausreißen.

Zierstämmchen: Lästige Wildtriebe sollten umgehend an der Ansatzstelle entfernt werden.

Mein Rat

Viele Ziersträucher wie Deutzien, Tamarisken, Johannisbeeren, Buddlejen, Forsythien, Liguster, Spieren, Weiden und Kletterrosen können Sie leicht durch Steckhölzer vermehren. Dazu können Sie auch Ihre Schnittabfälle verwenden. Schneiden Sie einfach etwa 20 cm lange, 5 bis 10 mm dicke Hölzer von unbelaubten Sträuchern. Achten Sie darauf, dass beide Enden der Steckhölzer jeweils mit einer Knospe abschließen. Stecken Sie mehrere Hölzer der gleichen Strauchart direkt an den Standort. Nach dem Stecken lugt nur noch die oberste Knospe aus dem Boden.

Richtig wässern

Gehölze bedürfen in den ersten Jahren nach der Pflanzung der Pflege durch die gärtnernde Hand. Bis die Pflanzen ein selbstversorgendes Wurzelsystem entwickelt haben, sind sie von zusätzlicher Bewässerung abhängig. Das einmalige, durchdringende Wässern nach dem Pflanzen ist richtig und wichtig, aber keinesfalls ausreichend. Insbesondere, wenn Containergehölze während heißer Sommermonate gepflanzt wurden, werden sie oft schlichtweg vergessen und erst dann wieder wahrgenommen, wenn sie vertrocknet sind. Haben sich Gehölze jedoch etabliert und sind gut eingewurzelt, kommen sie gut selbst zurecht und vertragen mehr Trockenheit als man denkt.

Wasser sparen

Nicht immer muss während Trockenperioden zum Schlauch gegriffen werden. Wasser ist ein zu kostbares Gut, um es zu vergeuden. Eine bewährte Methode, im Sommer tiefwurzelnden Gehölzen (u. a. Rosen, Obstgehölze, Mahonien) zusätzliche Feuchtigkeit zur Verfügung stellen, ist das flache Lockern der durch Sonne oder Regen verdichteten Erdoberfläche mit Hacke oder Grubber. Ausnahme: Bei extrem flachwurzelnden Gehölzen wie Päonien, Magnolien oder Rhododendren sollten Sie auf eine Bodenbearbeitung verzichten. Hier ist das Mulchen oder eine Unterpflanzung mit Stauden mit Sicherheit die bessere Alternative.

Wann und wie wässern?

Neben der Wassermenge ist die Art und Weise der Wassergabe entscheidend für das Wohlergehen der Pflanzen. Die im Sommer häufig praktizierte kalte Dusche für erhitzte Laubsträucher – quasi als gärtnerisches Feierabend-Vergnügen – kann selbst robusteste Gehölze beeinträchtigen. Pflanzen sind Lebewesen, die – wie wir Menschen auch – auf falsche Behandlung »verschnupft« reagieren. Legen Sie besser einen Schlauch morgens mindestens eine Stunde lang direkt an den Wurzelbereich der Gehölze und lassen Sie das Wasser langsam – bei geringem Druck – laufen und versickern. Dann gelangt das wertvolle Nass auch in tiefere Bodenschichten, wo es von den Feinwurzeln der Gehölze aufgenommen werden kann.

Mein Rat

Vermeiden Sie bei allen Wassergaben Extreme. Einerseits sind durstige Gehölze anfälliger für Krankheiten und Schädlinge. Andererseits droht Gehölzen mit nassen Füßen der Erstickungstod, da die Sauerstoff liebenden Wurzeln mangels ausreichender Bodendurchlüftung nicht atmen können.

Richtig mulchen

Mulchen verbessert durch die Zuführung organischer Substanz langfristig die Bodenqualität, erspart schweißtreibende Unkrauthackerei und hilft Wasser sparen. Durch kontinuierliches Mulchen wird der Humusgehalt des Bodens deutlich erhöht. Als Mulchmaterialien kommen u. a. Kompost, Rasenschnitt, Stroh, Schreddermaterial, aber auch fertige Rindenprodukte aus dem Fachhandel in Frage. Lockern Sie vor dem Mulchen den Boden ein wenig mit dem Grubber und beseitigen Sie alle Wurzel- und Dauerunkräuter. Unter der warmen und feuchten Mulchdecke würden sich die Unkräuter sonst explosionsartig ausbreiten. Mulch sollte nicht mehr als 5 cm hoch ausgebracht werden, die Verteilung geschieht im zeitigen Frühjahr.

Rindenmulch ist heute ein gebräuchliches Mulchmaterial dessen Einsatz durch viele Erfahrungen gerechtfertigt ist. Achten Sie aber beim Kauf auf gütegesicherte Qualität, also standardisierte, gut abgelagerte Rindenmulche. Bevor Sie Mulch ausbringen, müssen Sie für eine Ausgleichsdüngung in Form von etwa 150 g Hornspänen pro Quadratmeter sorgen. Mulchmaterialien fixieren zunächst Stickstoff im Boden, den sich die Mikroorganismen dann mitunter bei den Gehölzen »ausleihen«. Dies führt bei jungen, konkurrenzschwachen Pflanzen rasch zu Mangelerscheinungen, die Sie leicht an den gelben Blättern (Chlorose) erkennen können. Nach dem Mulchabbau stehen die Nährstoffe den Pflanzen wieder zur Verfügung.

Neu im Angebot ist Pinienmulch. Gegenüber Rindenmulch hat er zwei Vorteile: Er ist strukturstabiler und es kommt bei der sehr langsamen Umsetzung zu keinem Stickstoffmangel.

Mein Rat

Flachwurzelnde Gehölze wie Fächer-Ahorne und Rhododendron stehen am liebsten auf kühlfeuchtem Humus. Durch Lebendmulch werden die flach streifenden Wurzeln vor direkter Besonnung geschützt. Ein Beispiel ist die Schaumblüte (Tiarella). Die weißen Blütenkerzen des etwa 30 cm hoch werdenden Bodenbegrüners erscheinen von April bis Juni und bringen Licht und Helligkeit in dunklere Gartenwinkel. Elfenblumen (Epimedium) machen ihrem Namen mit elfenhaft zierlich-kleinen Blüten in gelb, weiß, lila oder rosa alle Ehre.

Wie dünge ich Ziergehölze?

Alle Gehölze brauchen für eine gedeihliche Entwicklung Nährstoffe in einem ausgewogenen Verhältnis. In der Natur werden Gehölze durch den immerwährenden Kreislauf der organischen Masse mit dem notwendigen Futter versorgt. Falllaub bleibt liegen, verrottet und steht der Pflanze als Humus wieder zur Verfügung. Im Garten greift der Mensch jedoch in diesen Rhythmus des Nehmens und Gebens ein. Verluste durch Ernte, Schnittmaßnahmen und das Entfernen des Laubes aus Ordnungsgründen müssen durch Gaben von organischen und mineralischen Düngern ausgeglichen werden.

Der genaue Bedarf an Nährstoffen lässt sich durch eine Bodenprobe rasch ermitteln. Die im Fachhandel erhältlichen Untersuchungssets erlauben die Bestimmung des Gehalts an Stickstoff, Phosphor und Kali im Boden und tragen so zu einem sinnvollen, d. h. umweltverträglichen und schonenden Umgang mit Düngemitteln bei.

Wenn Sie eine präzise Bodenanalyse inklusive exakter Düngeempfehlung wünschen, wenden Sie sich mit ihren Proben an eines der Bodenuntersuchungsinstitute, wie sie in

Vor dem Ausbringen von Düngern empfiehlt sich ein Blick auf die Verpackung. Dort sind der Zeitpunkt und die Düngermengen vermerkt.

den grünen Publikumszeitschriften für Hobbygärtner aktuell genannt werden.

Die wichtigsten Nährstoffe

Stickstoff (N)

sorgt für das Längenwachstum und eine üppige Laubentwicklung der Gehölze. Bei einem Mangel bleiben die Pflanzen kleiner und bilden schwächere, hellgrün belaubte Triebe aus. Eine Stickstofffeuerwehr im Sommer sind raschfließende Flüssigdünger, die über das Laub der Pflanzen gesprüht werden und dem Stoffwechsel der Gehölze unmittelbar zur Ver-

Mein Rat

Grundsätzlich sollten Sie Dünger niemals über Blatt oder Blüte einer Pflanze ausstreuen.

fügung stehen. Aber Vorsicht, eine maßlose Stickstoffdüngung fördert die Bildung eines mastigen, stark wasserhaltigen Triebgewebes, das sehr krankheitsanfällig und frostgefährdet ist. Keine Stickstoffgaben mehr nach dem ersten Juli eines Jahres ausbringen!

Phosphor (P)

begünstigt die Blüten- und Fruchtbildung. In den meisten Gartenböden finden die Gehölze auch ohne zusätzliche Düngung ausreichende Phosphormengen. P-Mangel erkennen Sie an klein bleibenden, bläulich grünen Blättern, die an den Blatträndern eine Purpurbronze-Färbung aufweisen.

Kalium (K)

Eine Düngung mit Patentkali ab Ende August/ Anfang September fördert die Entwässerung der Gehölze und die Bildung harter, stabiler Triebe, denen auch der Winterfrost nicht viel anhaben kann.

Magnesium (Mg)

Mangel macht sich im Garten insbesondere bei Nadelgehölzen bemerkbar. Rasche Abhilfe schafft das Ausstreuen und leichte Einhacken von Bittersalz.

Kalzium (Ca)

Kalzium bzw. Kalk dominiert den pH-Wert des Bodens und damit auch die Verfügbarkeit anderer Nährstoffe.

Eisen (Fe)

Mangel äußert sich durch Chlorose, das ist eine Gelbfärbung der Blätter. Spezielle Eisendünger sorgen für ein umgehendes Wieder-Ergrünen.

Düngerarten

Die Vielfalt der am Markt angebotenen Düngemittel ist für den Garteneinsteiger verwirrend. Für fast jede Pflanzengruppe wird ein spezieller Dünger angeboten, Rosen-, Rhododendron- und Nadelgehölzdünger, ja sogar Hortensien- und Clematis-Futter wird offeriert. Nachfolgend soll deshalb nicht auf den Sinn und die Fülle der zahllosen Handelsmarken, sondern vielmehr auf die verschiedenen Düngertypen eingegangen werden. Sie können in ihrer Wirkung auf die Pflanze und Auswirkung für die Umwelt sehr unterschiedlich sein. Nur das Wissen über ihren jeweiligen Funktionsmechanismus hilft, Fehler zu vermeiden. Unsachgemäß und in zu großer Menge ausgebrachte Dünger stellen zudem eine Belastung für die Umwelt dar.

Mineralische Dünger (Kurzzeitdünger)

Dienen als Nährstoffe-Notdienste, sind leicht wasserlöslich und werden sofort von den Gehölzen aufgenommen. Früher wurden sie vor allem in der Landwirtschaft eingesetzt. Im Garten sollte sich ihr Einsatz bei gemächlich wachsenden Gehölzen auf Notfälle, sprich akute Mangelsymptome beschränken. Niemals gehören sie an frisch gepflanzte Gehölze. Bei älteren, etablierten Gehölzen soll-ten sie nach dem 1. Juli eines Jahres nicht mehr ausgebracht werden, damit die Pflanzen zur Ruhe kommen können und das Holz für die bevorstehende Winterperiode ausrei-chend »aushärten« kann.

Langzeit- bzw. Depotdünger

Sind ebenfalls mineralische Dünger, die je-doch ihre Nährstoffe dank einer Harzumman-telung temperaturabhängig und damit »intel-ligent« und gehölzgerecht abgeben. Eine Auswaschung der Nährstoffe ist ausgeschlos-sen. Langzeitdünger sind zwar etwas teurer als konventionelle mineralische Dünger, dafür aber sehr leicht zu handhaben. Ideal für alle Kübelgehölze, die auf schlecht dosierte Dün-germengen allergisch reagieren.

Organische Dünger

Organische Dünger geben ihre Nährstoffe langsam, erst nach ihrem Abbau durch die Mikroorganismen im Boden ab. Sie sind bei zeitiger Ausbringung ideale Gehölzdünger, brauchen aber einen entsprechenden Vorlauf vor der eigentlichen Wachstumsphase. Be-währt haben sich Hornspäne, die als pflan-zen- und bodenschonende Stickstoffquelle bereits im Spätherbst ausgestreut werden. Im Frühjahr folgt eine zweite Gabe.

Gartenkompost

Glücklich darf sich jeder Gartenfreund nen-nen, der über einen ausgewogenen Kompost verfügt. Komposte sind nicht nur Nährstoff-lieferanten erster Güte sondern gleichzeitig bewährte Bodenverbesserer.

Ein Komposthaufen ist eine faszinierende Bio-Baustelle. Zunächst bauen Bakterien leicht zersetzbare Stoffe wie Zucker, Eiweiß und Stärke in den Küchenabfällen ab. Dabei wird Wärme frei. Der Komposthaufen kann durchaus Temperaturen von 45 bis 50 °C ent-wickeln. Im Innern sind sogar Werte bis 70 °C möglich. Die Hitze tötet Samen und Krank-heitserreger ab. Diese Vorrotte dauert etwa 10 Tage. Während der Hauptrotte werden schwer zersetzbare Stoffe wie Zellulose und Holzstoffe von verschiedenen Pilzarten in An-griff genommen. Die Temperatur sinkt nun auf 25 bis 45 °C. Kleintiere erobern den Kompost und machen sich umgehend an die Arbeit.

Fleißige Helfer

Die Hauptrotte dauert etwa vier Wochen. Danach hat sich das Volumen um mehr als die Hälfte verringert. Bei der Nachrotte werden nur noch Temperaturen von ca. 20 °C im Kom-post gemessen. Asseln, Laufkäfer, Ameisen, Fadenwürmer und andere Kleintiere sorgen für den weiteren Ab- und Umbau. Die Nähr-stoffe werden neu zusammengesetzt. Die organische Substanz vermischt sich mit den mineralischen Komponenten. Nach drei bis sechs Monaten ist aus den Küchenabfällen eine wertvolle Komposterde geworden. Wich-tig ist ein halbschattiger Platz. Idealerweise unter einem Baum oder zwischen Sträuchern. Wird der Kompost nicht beschattet, trocknet er aus. Zuviel Schatten lässt ihn faulen.

Sicher durch die kalte Jahreszeit

Alle in diesem Buch vorgestellten Gehölze gelten als frosthart. Jedoch sind junge Pflanzen von edlen Gewächsen (z. B. Magnolien, Päonien) – die auf Grund ihres Preises oft in kleineren Größen gekauft und gepflanzt werden – für einen Schutz in den ersten beiden Wintern nach der Pflanzung dankbar.

Anhäufeln

Rosen und andere Gehölz-Jungspunde können Sie ab Dezember anhäufeln. Ausgereifte Triebe werden etwa 15 bis 20 cm hoch mit

lockerer Lauberde, Gartenkompost oder einem ähnlichen organischen Material bedeckt. Über die eingepackten Triebe kommt abschließend noch eine mollige Decke aus Nadelreisig.

Abhängen

Sackleinen, lockeres Jutegewebe oder Nadelholzreisig sind ein sicherer Frostschutzmantel für Ihre Zierstämmchen, Kletterrosen und andere junge Kletterpflanzen. Einfach in die Pflanzen hängen, fertig.

Ein Maschendraht stabilisiert den schützenden Reisigmantel den ganzen Winter.

Kronen von Zierstämmchen einfach mit Sackleinen umwickeln und fixieren.

Pflanzenschutz mit Toleranz

Bäume und Sträucher zählen zu den robustesten Gartenpflanzen. Wenn sie dennoch unter einem Schädlings- oder Krankheitsbefall leiden, sind oft ein ungünstiger Standort, Artenarmut oder unangemessene Düngung die Ursachen. Ungünstige Standortfaktoren führen nicht selten in kürzester Zeit zu einer explosionsartigen Ausbreitung von Schädlingen, die selbst durch massiven Einsatz von Pflanzenschutzmitteln nicht unter Kontrolle gebracht werden können. Wichtig sind also vorbeugende Maßnahmen wie eine wohlüberlegte Standort- und Sortenwahl und – Toleranz. Hält sich das Ausmaß eines Befalls in Grenzen, hilft mitunter schon eine tolerante Einstellung. Sie sehen über einige Läuse oder wenige mehltaubefallene Blätter einfach hinweg. Kein Gartengehölz hat nur schön auszusehen, es sollte auch seine ökologischen Pflichten erfüllen. Jedes Eingreifen in naturnahe Kreisläufe im Garten hat fatale Folgen. An lausfreien, »staubgewischten« Sträuchern baut sich beispielsweise mangels Nahrung keine Nützlingsfauna auf. Erst wenn ein Befall den Gehölzen ernsthafte Schäden zufügt, sollten Sie zur Spritze greifen.

Allgemeine Hinweise

Trotz der im Fachhandel angebotenen Fülle an krankheits- und schädlingsbekämpfenden Mitteln, sollten Sie als verantwortungsbewusster Gartenfreund darauf achten,

- ein zum Standort passendes Gehölz (Boden, Kleinklima, Lichtverhältnisse) zu wählen,
- Nützlinge zu schonen und zu fördern,
- eine sinnvolle Bodenverbesserung und -pflege zu betreiben,
- bedarfsgerecht zu düngen,
- gesundes Saat- und Pflanzengut zu verwenden,
- robuste, krankheitstolerante Pflanzensorten zu wählen,
- die pflanzlichen Abwehrkräfte zu stärken,
- möglichst mechanische Bekämpfungsmethoden einzusetzen.
- nur Produkte zu verwenden, die für den Haus- und Kleingarten zugelassen und nicht bienengefährlich sind.

Nützlinge fördern

Mit etwas Geduld funktioniert die Bekämpfung von Schädlingen durch Nützlinge sehr gut. Wenn Sie bereit sind, langfristig eine entsprechende Nützlingspopulation aufzubauen, haben Sie unzählige Helfer im Garten, die sich mit Lust über Ihre Schädlinge hermachen.

Blattlaus-Schlupfwespen
Diese Insekten gehen subversiv vor und legen ihre Eier in das Ei, die Larve oder Puppe eines anderen Insektes, mit Vorliebe in die der Blattläuse. Ein Schlupfwespen-Weibchen

schafft es, bis zu 1000 Läuse anzustechen und in ihnen Eier abzulegen.

Vögel

Insektenfressende Vogelarten wie Meisen lassen sich dort nieder, wo ihnen Sträucher und Stauden Schutz bieten, reichlich Laus- und Raupennahrung auf der Speisekarte steht, Meisenkästen zum Verweilen einladen und Katzen fern gehalten werden.

Marienkäfer

Jede Marienkäferlarve vertilgt während ihrer Entwicklung insgesamt bis zu 600 Blatt- und Schildläuse. An ihrer braunschwarzen Farbe sind die Larven leicht zu erkennen.

Florfliegen

Auch Blattlauslöwen genannt, weil ihre Larven mit ihren Saugzangen Blattläuse aufgreifen, aussaugen und gnadenlos reduzieren. Eine einzige Larve der Florfliegenart *Chrysoperla carnea* kann während ihrer Entwicklung von der Larve zum geflügelten Insekt ca. 1200 Spinnmilben-Eier, 240 Kartoffelkäfer-Eier oder rund 400 Blattläuse fressen. Erwachsene Florfliegen überwintern häufig in Dachstühlen und Speichern.

Schwebfliegen

Eine Schwebfliegen-Larve vertilgt insgesamt etwa 400 bis 800 Blattläuse innerhalb von drei Wochen.

Auf einen Blick

- Schneiden Sie Ihre Gehölze am besten im zeitigen Frühjahr.
- Wenn Sie Gehölze während des Sommers wässern, dann ausgiebig und nur über den Boden.
- In sommertrockenen Gebieten sorgt Mulchen für eine erhöhte Bodenfeuchte.
- Langzeitdünger sind gehölzgerechte Nährstofflieferanten.
- Junge Gehölze danken einen Winterschutz während der ersten Jahre.

Erwachsene Florfliegen sind grazile Schönheiten, die es sich lohnt aus der Nähe zu betrachten.

Übersicht über häufige Krankheiten und Schädlinge

Betroffene Pflanzenart	Krankheit/ Schädling	Schadbild	Bekämpfung
Buche	Buchen-blatt-Baumlaus	Charakteristisch sind Blattkräuselungen, röhrenartig nach unten gekrümmte Blattränder und auf der Blattunterseite weiße, wollige Wachsausscheidungen, unter denen die Läuse sitzen.	Spritzen mit Promanal, Schädlingsfrei Naturen, Schädlingsfrei. Neem bei Befallsbeginn Ende April bis Anfang August.
Clematis	Clematis-Welke	Blätter, Triebteile, aber auch ganze Pflanzen welken plötzlich und sterben ab. Die Ursache sind verschiedene Pilze, die bevorzugt jüngere Pflanzen heimsuchen.	Sofortiger Rückschnitt bis in den gesunden Bereich, oft bis zum Boden, notwendig. Triebverletzungen vermeiden, robuste Sorten wählen, auf gut wasserdurchlässige Standorte achten.
Fichte	Sitka-fichten-laus	Ältere Nadeln bekommen gelbliche Flecken, werden später braun und fallen ab. An den Nadeln saugen grüne Läuse mit roten Augen.	Spritzen beim Austrieb mit Promanal, Schädlingsfrei Naturen.
Flieder	Flieder-motte	Auffallend geschlängelte, blasenartig aufgetriebene, durchscheinende Gänge der Larven im Blatt.	Abpflücken und Vernichten der befallenen Blätter.
Hülse, Stech-palme	Ilexminier-fliege	Auffallend geschlängelte, blasenartig aufgetriebene Gänge der Maden im Blatt.	Abpflücken und Vernichten der befallenen Blätter.
Kirsche, Kirsch-lorbeer	Schrot-schuss-krankheit	Zunächst auf den Blättern kleine, runde Flecken, die später durchlöchert sind. Durch die vielen Löcher entsteht der Schrotschuss-Eindruck.	Ab Austrieb zwei- bis dreimal im Abstand von zehn Tagen spritzen.
Lebens-baum	Thuja-minier-motte	Triebspitzen werden braun und fallen ab. Im Trieb befindet sich die 3 mm lange Raupe der Miniermotte.	Befallsstellen ausschneiden.
Rhodo-dendron	Rhododen-dronzikade (Knospen-bräune)	Auffallend grünbraune Tiere sind auf der Oberseite der Blätter zu beobachten. Die Zikaden stechen die Knospen an und übertragen dabei die Knospenfäule.	Knospen auspflücken. Spritzen in den kühlen Morgenstunden mit Neudosan, Schädlingsfrei Naturen, Spruzit.
Rhodo-dendron u. a.	Dickmaul-rüssler	Blattränder werden von dem Käfer buchtig ausgefressen. Bodenbürtige, weiße Larven in der Erde, die die Wurzeln anfressen.	Käfer abends abschütteln, Bodennützlinge ab Mai bis Anfang September einsetzen, wenn die Bodentemperatur über 13 °C liegt.
Rosen	Rosenblatt-rollwespe	Eingerollte Blätter, verursacht durch Eiablage am Blattrand.	Absammeln und Zerdrücken der winzigen Larven mit der Hand. Nützlinge wie Blaumeisen und Schlupfwespen fördern.

Betroffene Pflanzenart	Krankheit/ Schädling	Schadbild	Bekämpfung
Rosen	Rosen-zikade	Die Oberseite der Blätter ist weißlich gesprenkelt. Auf der Blattunterseite finden sich grünlichweiße, blattlaus-ähnliche Insekten.	Winterspritzung bei Befall, Haus-mittel Brennesselbrühe. Spritzen mit Neudosan, Schädlingsfrei Naturen ab Juni.
Rosen	Sternrußtau	Sternförmige, violettschwarze Flecken auf den Blättern.	Robuste Sorten wählen.
Rosen	Echter Mehltau	Mehlig-weißer Belag auf der Blattoberseite junger Blätter.	Spritzen bei Befall.
Rosen	Rosenrost	Orange- bis rostfarbene, stäubende Sporenlager auf der Blattunterseite.	Laub absammeln und vernichten.
Schein-zypressen u. a.	Wurzelfäule (Phyto-phthora)	Zunächst welken einzelne Triebspitzen und verfärben sich braun, später die ganze Pflanze.	Pflanze roden, Pflanzloch über Winter durchfrieren lassen, keine anfälligen Gehölze nachpflanzen.
Tanne, Kiefer u. a.	Wollläuse	Typisch sind die weißen Wachsfäden ab Mai, die an Schneeflocken erinnern. Unter ihnen sitzen die Läuse.	Spritzen bei Befallsbeginn mit Promonal, Schädlingsfrei Naturen.
Wacholder	Wacholder-triebsterben	Zweige und Haupttriebe werden zu-nächst gelb, dann braun und sterben ab. Bei älteren Pflanzen Befall oft nur in begrenzten Abschnitten.	Pflanzenbestand auslichten, Befalls-stellen ausschneiden. Spritzen bei Befallsbeginn.
zahlreiche Gehölze	Blattläuse	Grüne oder schwarze Läuse, die die jungen, noch weichen Triebspitzen befallen.	Abspritzen mit kaltem Wasserstrahl, Tiere zerdrücken. Nützlinge fördern
zahlreiche Gehölze	Rote Spinne, Gemeine Spinnmilbe	Sehr kleine, orangerote Tierchen, die an der Blattunterseite saugen. Sie sind an ihrem feinen Seidengespinst zu erkennen. Massenhaft an extrem lufttrockenen Standorten.	Spritzen bei Befallsbeginn Anfang Mai bis Mitte August mit Neudosan, Schädlingsfrei Naturen, Schädlingsfrei Neem.
zahlreiche Gehölze	Triebwelke (Verti-cillium)	Laub verfärbt sich fahlgrün, welkt und bleibt vertrocknet am Stängel hängen. Auch bei Stauden vorkommend.	Befallene Pflanze komplett roden, anfällige Arten meiden. Bekämpfung mit Pflanzenschutzmitteln im Garten nicht möglich.
zahlreiche Gehölze wie Feuerdorn, Weiß- u. Rot-Dorn, Zier-quitte, Zierapfel	Feuerbrand	Blüten und Blätter verfärben sich schwarzbraun und wirken wie verbrannt.	Erkrankte Pflanze roden. Bekämp-fung mit Pflanzenschutzmitteln nicht möglich. Meldepflichtig, umgehend den Pflanzenschutz-dienst oder das Ordnungsamt informieren!
Zierkirschen, Mandel-bäumchen	Monilia-Spitzen-dürre	Blüten und Triebspitzen Holz welken schlagartig und scheinen zu vertrocknen.	Befallsstellen bis in das gesunde ausschneiden, Fruchtmumien ent-fernen.

Stand: Mai 2010

Adressen, die Ihnen weiterhelfen

Clematis

Friedrich Manfred Westphal
Peiner Hof 7
25497 Prisdorf
www.clematis-westphal.de

Rosen

Rosarot Pflanzenversand
Besenbek 4 b
25335 Raa-Besenbek
www.rosarot-pflanzen-
versand.de

W. Kordes' Söhne
Rosenstraße 54
25365 Klein Offenseth-
Sparrieshoop
www.gartenrosen.de

Rosen-Tantau
Tornescher Weg 13
25436 Uetersen
www.rosen-tantau.com

Rosen Noack
Im Fenne 54
33334 Gütersloh
www.noack-rosen.de

Rosen-Gönewein
Steinfurther Hauptstraße 1–5
61231 Bad Nauheim-
Steinfurth
www.rosen-goenewein.de

Rosen-Union
Steinfurther Hauptstraße 25
61231 Bad Nauheim-
Steinfurth
www.rosen-union.de

Walter Schultheis
Bad Nauheimer Str. 3–7
61231 Bad Nauheim-
Steinfurth
www.rosenhof-schultheis.de

Bambus

Bambus Zentrum Eberts
Saarstraße 3–5
76532 Baden-Baden
www.bambus.de

Rhododendron

Baumschule Hachmann
Brunnenstraße 68
25355 Barmstedt
www.hachmann.de

Gehölze per Postversand

Gustav Schlüter
Bahnhofstraße 5
25335 Bokholt-Hanredder
www.garten-schlueter.de

Gärtner Pötschke
Fachversand
41561 Kaarst
www.poetschke.de

Schlegel & Co
Gartenprodukte
Göffinger Straße 40
88499 Riedlingen
www.gartencenter-
shop24.de

Ahrens & Sieberz
Großversand-Gärtnerei
53718 Siegburg-Seligenthal
www.as-garten.de

Baldur-Garten
Postfach 1140
64629 Heppenheim
www.baldur-garten.de

GartenBaumschulen

Der GartenBaumschulen BdB
e. V. (GBV) ist ein Zweigverein
des Bundes deutscher
Baumschulen (BdB) e. V. Die
Gruppe besteht aus 175 Mit-
gliedern, die überwiegend
Gartenpflanzen an Gartenbe-
sitzer absetzen, mit Schwer-
punkt Gehölze und Stauden.
GartenBaumschulen bieten
in diesen Produktgruppen
ein umfangreiches Sorti-
ment, verbunden mit einem
GartenService unterschied-
lichster Art. Unter www.gar-
tenbaumschulen.com sind
alle Adressen einsehbar.

Stichwortverzeichnis

Über den Autor

Robert Markley ist gelernter Baumschul-Gärtner und Gartenbauingenieur, der acht Jahre in Züchtung und Vertrieb beim Rosenzüchter Strobel in Pinneberg (einem der größten und bekanntesten Deutschlands) tätig war. Heute arbeitet er in einem bekannten Redaktionsbüro, das unter anderem Baumschul-Kataloge, Fachbroschüren und Werbekampagnen für Baumschulen erstellt.

Bibliographische Information
Der Deutschen Nationalbibliothek
Die Deutsche Nationalbibliothek verzeichnet diese Publikation in der Deutschen Nationalbibliografie; detaillierte bibliografische Daten sind im Internet über http://dnb.d-nb.de abrufbar.

Bildnachweis
Borstell: 10, 1314, 15ul, 23, 32, 39, 40u, 48, 50, 57ul, 58, 66, 68, 93, 104, 112u
Maethe: 150, 27, 28, 29, 34, 470, 51, 57ur, 87, 90, 102
Markley: 12r, 15ur, 17ru, 18, 19, 31, 33, 38, 41, 43, 46, 52r, 620, 63, 64, 71, 73, 74, 75, 77, 78, 88, 89, 94, 980, 103 beide, 105, 106u, 107, 110, 111, 1120, 113, 115, 119r
Pforr: 44, 76,
Redeleit: 25, 69, 84/85, 96 (alle), 98u, 109, 116, 119l
Reinhard: 1, 6/7, 8, 11, 20/21, 22, 26, 35, 37, 400, 45, 47u, 53, 56, 59, 60, 62u, 65, 70r, 80, 100/101, 108
Ruckzio: 2/3
Sammer: 170, 30
Seidl: 52l, 55 beide
Strauss: 81, 82
Thinschmidt: 9, 16l, 17lu, 36, 70l
Waldhäusl: 12l, 121

Überarbeitete und erweiterte Ausgabe der Titel »Hecken« und »Ziergehölze« aus der Reihe »BLV Garten Plus«.

BLV Buchverlag GmbH & Co. KG
80797 München

© 2010 BLV Buchverlag GmbH & Co. KG
München

Umschlagfotos: Ursel Borstell

Lektorat: Dr. Thomas Hagen
Redaktion: Redaktionsbüro Wolfgang Funke, Augsburg
Herstellung: Hermann Maxant

Satz: Uhl + Massopust, Aalen

Gedruckt auf chlorfrei gebleichtem Papier

Printed in Germany ·
ISBN 978-3-8354-0721-3

Mein Gartenberater
Die Kompetenz-Reihe, die überzeugt!

Balkonblumen
Die schönsten Arten für Töpfe und Kästen

ISBN 978-3-8354-0503-5

Bauerngärten
Anlegen und mit den schönsten Pflanzen gestalten

ISBN 978-3-8354-0512-7

Blütenstauden
Die schönsten Arten für sonnige und schattige Beete

ISBN 978-3-8354-0502-8

Bonsai
Die besten Arten für draußen und drinnen

ISBN 978-3-8354-0501-1

Formschnitt
Die besten Arten und die richtige Technik

ISBN 978-3-8354-0574-5

Gärtnerwissen
aus alter Zeit

ISBN 978-3-8354-0571-4

Gartenkräuter
Naturgemäß anbauen und pflegen

ISBN 978-3-8354-0506-6

Gemüse
Die besten Arten aus eigenem Anbau

ISBN 978-3-8354-0505-9

Gräser & Farne
Die schönsten Arten für sonnige und schattige Beete

ISBN 978-3-8354-0572-1

Kakteen und Sukkulenten
Die schönsten Arten pflegen und vermehren

ISBN 978-3-8354-0513-4

Krokus, Tulpe, Lilie & Co.

ISBN 978-3-8354-0711-4

Kübelpflanzen
Die schönsten Arten für Balkon und Terrasse

ISBN 978-3-8354-0507-3

Miniteiche & Wasserspiele
Gestalten, bepflanzen und pflegen

ISBN 978-3-8354-0514-1

Obstgehölze schneiden
Die richtigen Techniken

ISBN 978-3-8354-0515-8

Orchideen
Die schönsten Arten und Hybriden - Auswählen und pflegen

ISBN 978-3-8354-0720-6

Palme, Ficus & Co.

ISBN 978-3-8354-0573-8

Rosen
Die schönsten Sorten und ihre Pflege

ISBN 978-3-8354-0516-5

Steingärten
Planen, anlegen, pflegen - Die schönsten Pflanzen

ISBN 978-3-8354-0640-7

Ziergehölze & Hecken

ISBN 978-3-8354-0721-3

Bücher fürs Leben. blv